BESTACTIVITYBOOKS.COM

Copyright © 2022 LINGUAS CLASSICS

PREMIERE ÉDITION

Dépôt légal, 2022

Illustration Graphique Extra: www.freepik.com
Merci à Alekksall, Starline, Pch.vector, Rawpixel.com, Vectorpocket, Dgim-studio, Upklyak, Macrovector, Stockgiu, Pikisuperstar & Freepik.com Designers

Découvrez des Jeux Gratuits en Ligne

Disponible Ici :

BestActivityBooks.com/FREEGAMES

5 ASTUCES POUR DÉMARRER !

1) COMMENT RÉSOUDRE LES MOTS MÊLÉS

Les puzzles sont dans un format classique :

- Les mots sont cachés sans espaces, tirets, ...
- Orientation : Les mots peuvent être écrits en avant, en arrière, vers le haut, vers le bas ou en diagonale (ils peuvent être inversés).
- Les mots peuvent se chevaucher ou se croiser.

2) UN APPRENTISSAGE ACTIF

Un espace est prévu à côté de chaque mots pour noter la traduction. Pour favoriser un apprentissage actif un **DICTIONNAIRE** à la fin de cette édition vous permettra de vérifier et étendre vos connaissances. Cherchez et notez les traductions, trouvez-les dans le Puzzle et ajoutez-les à votre vocabulaire !

3) MARQUEZ LES MOTS

Vous pouvez inventer votre propre système de marquage. Peut-être en utilisez-vous déjà un ? Sinon, vous pourriez, par exemple, marquer les mots qui ont été difficiles à trouver d'une croix, ceux que vous avez aimés d'une étoile, les mots nouveaux d'un triangle, les mots rares d'un diamant, etc...

4) STRUCTUREZ VOTRE APPRENTISSAGE

Cette édition vous offre un **CARNET DE NOTES** très pratique à la fin du livre. En vacances ou en voyage ou à la maison, vous pouvez facilement organiser vos nouvelles connaissances sans avoir besoin d'un second bloc-notes !

5) VOUS AVEZ FINI TOUTES LES GRILLES ?

Allez à la section bonus **CHALLENGE FINAL** pour trouver un jeu gratuit à la fin de cette édition !

Simple et Rapide ! Découvrez notre collection de livres d'activités pour votre prochain moment de détente et **d'apprentissage**, à juste un clic de distance !

Trouvez votre prochain défi sur :

BestActivityBooks.com/MonProchainLivre

À vos marques, prêts... Partez !

Saviez-vous qu'il existe environ 7 000 langues différentes dans le monde ? Les mots sont précieux.

Nous aimons les langues et avons travaillé dur pour créer les livres de la plus haute qualité pour vous. Nos ingrédients ?

Une sélection des thématiques d'apprentissage adaptée, trois belles parts de divertissement, puis nous ajoutons une cuillère de mots difficiles et une pincée de mots rares. Nous les servons avec soin et un maximum de plaisir pour vous permettre de résoudre les meilleurs jeux de mots mêlés qui soient et d'apprendre en vous amusant !

Votre avis est essentiel. Vous pouvez participer activement au succès de ce livre en nous laissant un commentaire. Nous aimerions vraiment savoir ce que vous avez préféré dans cette édition !

Voici un lien rapide qui vous mènera à la page d'évaluation de vos commandes :

BestBooksActivity.com/Avis50

Merci pour votre aide et amusez-vous bien !

De la part de toute l'équipe

1 - Été

```
O  P  L  I  V  A  T  I  L  C  E  V  E  D
P  D  R  O  N  J  E  N  J  E  K  L  E  A
U  B  M  I  J  P  K  O  B  I  T  E  L  J
Š  U  O  O  J  L  C  N  R  C  K  O  F  O
T  K  R  T  R  A  U  Z  J  U  A  R  M  G
A  C  E  R  T  Ž  T  Z  Y  I  I  K  T  Đ
N  L  I  C  A  H  E  Y  G  G  P  R  V
J  B  L  Đ  H  S  B  K  L  I  R  E  A  G
E  E  T  U  P  J  Z  V  I  J  E  Z  D  E
K  A  M  P  I  R  A  N  J  E  I  O  O  Z
W  G  L  R  Z  H  H  M  W  J  I  I  S  R
H  R  A  N  A  N  P  U  T  O  V  A  T  I
I  I  P  G  E  S  A  N  D  A  L  E  C  R
H  L  Đ  V  R  T  A  L  G  L  A  Z  B  A
```

PRIJATELJI	GLAZBA
KAMPIRANJE	PLIVATI
ZVIJEZDE	HRANA
OBITELJ	PLAŽA
VRT	RONJENJE
IGRE	OPUŠTANJE
RADOST	SANDALE
KNJIGE	ODMOR
MORE	PUTOVATI

2 - Adjectifs #2

```
J  Č  I  S  T  T  J  T  S  P  S  E  O  P
A  U  T  E  N  T  I  Č  N  O  L  L  D  R
K  M  M  D  C  S  N  U  A  N  A  E  G  O
O  B  O  P  A  U  F  T  Ž  O  N  G  O  D
D  C  Z  P  M  R  G  T  A  S  R  A  V  U
I  R  Z  D  K  E  O  V  N  A  B  N  O  K
V  P  A  K  R  K  N  V  E  N  E  T  R  T
L  O  N  M  E  A  O  R  I  J  D  A  A  I
J  Z  I  G  A  G  V  M  T  T  Y  N  N  V
I  N  M  W  T  T  O  O  P  I  S  N  I  N
S  A  L  K  I  L  I  W  S  U  H  O  N  I
A  T  J  Đ  V  Z  O  Č  E  P  F  U  P  J
E  I  I  U  N  F  W  Đ  A  H  O  U  H  Z
P  H  V  Đ  I  D  Z  R  L  N  T  W  K  S
```

AUTENTIČNO	NOVO
POZNATI	PRODUKTIVNI
KREATIVNI	SNAŽAN
OPISNI	ČIST
DAROVIT	ODGOVORAN
DRAMATIČAN	ZDRAV
ELEGANTAN	SLAN
PONOSAN	DIVLJI
JAK	SUHO
ZANIMLJIV	

3 - Exploration

```
O O H E S U W I C E M E Z L
N D P R J Đ M J E U P E H I
E N L A A K T I V N O S T C
P V P U S B W G P J U M O E
O E R Č Č A R U B M T Z P Y
Z A O I B N N O N A E S A U
N T S T I C O A S Z R O S Z
A J T I D B V S J T E J N B
T E O O F E O S T R N L O U
Y Z R Ž I V O T I N J E S Đ
B I S C R P L J E N O S T E
J K U L T U R E A B I N I N
D I V L J I O T K R I Ć E J
P U T O V A T I K F M Y F E
```

AKTIVNOST	UZBUĐENJE
ŽIVOTINJE	ISCRPLJENOST
UČITI	NEPOZNAT
HRABROST	JEZIK
KULTURE	NOVO
OPASNOSTI	OPASAN
OTKRIĆE	DIVLJI
ODLUČNOST	TEREN
PROSTOR	PUTOVATI

4 - Formes

```
R P C K R I V U L J A A J K
N R P R A V O K U T N I K O
H I R U T K V A D R A T P C
I Z U G M A E L I P S A O K
P M B T T P T P N D T S L A
E A O I T O S R C E V L I M
R G V K T V F N O C P C G Y
B P I V S B E F R K M V O K
O A L Đ U L R P D Y U C N O
L Đ G I P Z A V V D U T W N
A P P I R A M I D A K U T U
S T R A N A A T N L Z B R S
O V A L A N H J U U U J D W
C I L I N D A R F K J L D B
```

LUK	ELIPSA
RUBOVI	HIPERBOLA
KVADRAT	CRTA
KRUG	OVALAN
KUT	POLIGON
KRIVULJA	PRIZMA
KONUS	PIRAMIDA
STRANA	PRAVOKUTNIK
KOCKA	SFERA
CILINDAR	TROKUT

5 - Adjectifs #1

```
U M J E T N I Č K I M W A S
A R O M A T S K I S O H P A
M V P F V E T I A N D P S V
L Y T L J G G L N M E M O R
A M B I C I O Z A N R O L Š
D A W J G O G R O M A N U E
I Y S E V A Ž N O T N D T N
M E I P A T R A K T I V A N
A K T I V A N H L T H Č N O
N D O S A N E V I N E Đ N M
T K A U F A O T V V C Š D O
G P O W P K I S K R E N K V
I D E N T I Č A N V K A H A
V E L I K O D U Š A N L A N
```

APSOLUTAN
AKTIVAN
AMBICIOZAN
AROMATSKI
UMJETNIČKI
ATRAKTIVAN
LIJEP
EGZOTIČNO
OGROMAN
VELIKODUŠAN

ISKREN
IDENTIČAN
VAŽNO
NEVIN
MLADI
TEŠKA
TANAK
MODERAN
SAVRŠEN

6 - Instruments de Musique

```
E  S  J  M  A  R  I  M  B  A  G  U  C  U
V  A  T  R  O  M  B  O  N  A  O  R  M  D
E  K  F  L  A  U  T  A  Y  N  N  T  F  A
K  S  W  F  W  I  Z  O  F  N  G  P  F  R
F  O  E  Y  F  L  G  G  B  K  E  N  A  A
A  F  O  H  R  K  C  I  B  O  T  U  G  L
K  O  D  I  D  D  Z  T  E  V  A  Đ  O  J
H  N  U  L  J  K  L  A  R  I  N  E  T  K
B  E  N  D  Ž  O  L  R  P  A  I  U  R  E
B  U  B  A  N  J  S  A  C  E  R  H  U  U
V  I  O  L  I  N  A  S  V  Y  Z  A  B  N
H  A  R  M  O  N  I  K  A  I  C  R  A  C
G  M  A  N  D  O  L  I  N  A  R  F  C  H
T  A  M  B  U  R  A  Š  K  I  R  A  K  W
```

BENDŽO	MARIMBA
FAGOT	UDARALJKE
KLARINET	KLAVIR
FLAUTA	SAKSOFON
GONG	BUBANJ
GITARA	TAMBURAŠKI
HARMONIKA	TROMBON
HARFA	TRUBA
OBOA	VIOLINA
MANDOLINA	

7 - Échecs

```
U I W Z W P K D M P Đ P R S
T O Č K E U Č I T I G R A T
P B L M V R I J E M E O K R
N R I L Đ V G A T F P T R A
M A A J L U R G C U A I A T
U O T V E F A O R O M V L E
K U K J I L Č N N J E N J G
Y W O I E L I A A K T I I I
M S E Z N C A L I R A K C J
P R V A K N A A G A N P A A
R G S Z A U P N C L S F O I
V W Đ O A P F K J J D M S O
Ž R T V O V A T I E W Đ E M
P A S I V N O T U R N I R Y
```

PROTIVNIK	CRNA
UČITI	PASIVNO
BIJELI	TOČKE
PRVAK	KRALJICA
NATJECANJE	PRAVILA
IZAZOVI	KRALJ
DIJAGONALA	ŽRTVOVATI
PAMETAN	STRATEGIJA
IGRA	VRIJEME
IGRAČ	TURNIR

8 - Herboristerie

```
V R T P A O E N S Š Y B I T
A R O M A T S K I A C O H I
K H M E B M O Y B F F K E M
O U Z T K O A P E R Š I N I
R R L O K U S Ž H A F K M J
I O N I N A W I U N N L E A
S Č E Š N J A K L R F M T N
N S U D R A G U L J A L V Z
O R U Ž M A R I N Z A N I E
K O M O R A Č S N B C K C L
Đ S A S T O J A K G I E E E
K V A L I T E T A I W R R N
L A V A N D A C V I J E T E
O J B D Đ N K P G W O Đ D O
```

ČEŠNJAK	LAVANDA
AROMATSKI	MAŽURAN
BOSILJAK	METVICE
KORISNO	PERŠIN
KULINARSKI	KVALITETA
DRAGULJ	RUŽMARIN
KOMORAČ	ŠAFRAN
CVIJET	OKUS
SASTOJAK	TIMIJAN
VRT	ZELEN

9 - Véhicules

```
T T A K S I W S H T L V G H
K R Z G U M E P B G D W D Đ
K K A S T T S L S B H W R M
S G F J Y R K A R A V A N W
H K R Đ E A Đ V I D F K W Z
E Č U T F K A U T O B U S R
L A M T V T T K A M I O N A
I M O J E O V L A K C C N K
K A T C F R N K F D I M N O
O C O K B Z A P A V K I C P
P Y R T T U K Z U L U Y L
T N A I V P I C E F G K Z O
E T L A S L N H M T R S F V
R Đ Č U N A K U O Z A K P K
```

ZRAKOPLOV
ČAMAC
AUTOBUS
KAMION
KARAVAN
TRAJEKT
RAKETA
HELIKOPTER
MOTOR

ČUNAK
GUME
SPLAV
SKUTER
TAKSI
TRAKTOR
VLAK
BICIKL

10 - Camping

```
Ž  I  V  O  T  I  N  J  E  A  Š  M  F  R
H  Đ  A  J  E  L  J  Š  T  P  U  Ž  E  W
F  E  N  J  E  R  U  A  E  L  M  Đ  H  D
V  Y  W  E  R  H  K  T  S  Š  A  O  K  J
J  Z  E  Z  E  F  L  O  P  M  I  P  T  A
K  R  D  E  L  K  Z  R  W  E  C  R  H  U
Z  D  B  R  W  A  L  U  Y  K  W  E  C  P
M  E  L  O  V  B  C  L  Y  U  T  M  W  P
U  J  L  P  R  I  R  O  D  A  J  A  E  Đ
Z  N  E  B  R  N  V  J  K  O  M  P  A  S
M  V  E  S  S  A  F  P  L  A  N  I  N  A
H  N  B  Đ  E  V  A  T  R  A  N  W  L  S
K  U  K  A  C  C  A  V  A  N  T  U  R  A
P  O  D  V  I  S  E  Ć  A  K  A  R  T  A
```

ŽIVOTINJE	VATRA
AVANTURA	ŠUMA
KOMPAS	VISEĆA
KABINA	KUKAC
KANU	JEZERO
KARTA	FENJER
ŠEŠIR	MJESEC
LOV	PLANINA
UŽE	PRIRODA
OPREMA	ŠATOR

11 - Conservation

```
Y  C  Z  Z  A  Z  C  G  S  M  U  O  R  M
R  P  N  D  H  A  D  G  M  T  R  R  E  G
V  R  Z  R  A  G  O  K  A  S  J  G  C  P
O  I  P  A  P  A  D  O  N  R  G  A  I  O
L  R  H  V  E  Đ  R  P  J  U  E  N  K  B
O  O  V  L  E  E  Ž  E  I  K  K  S  L  R
N  D  Y  J  E  N  I  S  T  L  O  K  I  A
T  N  F  E  K  J  V  T  I  V  S  I  R  Z
E  O  V  C  O  E  C  I  K  L  U  S  A  O
R  L  U  V  L  W  M  C  L  Z  S  D  T  V
L  L  I  U  O  A  B  I  I  E  T  N  I  A
V  O  D  A  Š  G  L  D  M  L  A  B  J  N
P  D  G  V  K  F  W  H  A  E  V  D  K  J
S  T  A  N  I  Š  T  E  M  N  G  D  B  E
```

VOLONTER	PRIRODNO
KLIMA	ORGANSKI
CIKLUS	PESTICID
ODRŽIV	ZAGAĐENJE
VODA	RECIKLIRATI
EKOLOŠKI	SMANJITI
EKOSUSTAV	ZDRAVLJE
OBRAZOVANJE	ZELEN
STANIŠTE	

12 - Écologie

```
R Y O R G Z I Z N A Z A I B
E V D E A L A K J N Đ A G S
K R R S U Z O J K E I U H T
E E Ž U P L N B E K L I M A
P R I R O D A O A D O A H N
V S V S M F S D L L N O B I
O U R I O L K B Đ I N I L Š
L Š S H R F L O R A K O C T
O A T I S B I L J E P O D E
N F A U K M O Č V A R A S R
T A L Z I O P S T A N A K T
E U P L A N I N E I T B Đ D
R N V E G E T A C I J A M E
I A P R I R O D N O Y Y R E
```

VOLONTERI   MOČVARA
KLIMA   POMORSKI
ZAJEDNICE   PLANINE
RAZNOLIKOST   PRIRODA
ODRŽIV   PRIRODNO
VRSTA   BILJE
FAUNA   RESURSI
FLORA   SUŠA
GLOBALNO   OPSTANAK
STANIŠTE   VEGETACIJA

13 - Astronomie

```
S  J  M  U  C  A  Z  R  A  Č  E  N  J  E
V  O  E  I  Z  S  V  G  S  M  I  E  E  O
E  U  T  L  F  T  J  A  T  A  A  B  K  W
M  U  E  V  R  R  E  L  R  G  Z  O  V  Z
I  D  O  Đ  Y  O  Z  A  O  L  L  P  I  S
R  H  R  N  H  D  K  N  I  F  L  N  U
Z  E  M  L  J  A  A  S  O  C  K  A  O  P
R  N  T  D  Đ  U  R  I  M  A  O  N  C  E
T  A  D  L  P  T  N  J  P  M  Z  E  I  R
Z  A  K  A  B  N  I  A  Đ  Y  M  T  J  N
G  M  J  E  S  E  C  D  T  R  O  A  A  O
J  K  P  G  T  O  A  P  F  W  S  Đ  Y  V
G  J  J  E  K  A  P  O  M  R  Č  I  N  A
L  Đ  E  A  J  A  S  T  E  R  O  I  D  B
```

ASTEROID
ASTRONAUT
ASTRONOM
NEBO
KOZMOS
POMRČINA
EKVINOCIJA
RAKETA
GALAKSIJA

MJESEC
METEOR
MAGLICA
ZVJEZDARNICA
PLANETA
ZRAČENJE
SUPERNOVA
ZEMLJA
SVEMIR

14 - Types de Cheveux

```
S  L  H  S  C  D  S  R  E  B  R  O  P  D
K  J  V  U  M  U  O  R  D  F  J  U  L  E
R  P  A  U  E  G  V  O  Z  D  L  R  A  B
A  L  L  J  K  O  V  R  Č  A  V  A  V  E
T  E  O  Ć  A  J  H  I  L  W  P  M  U  O
A  T  V  E  N  N  S  M  E  Đ  V  N  Š  T
K  E  I  L  U  I  R  U  D  S  C  A  A  E
U  N  T  A  Z  P  Y  V  T  K  I  O  W  L
B  I  A  V  S  L  B  E  K  B  O  V  T  I
Y  C  R  N  A  E  S  U  H  O  T  Y  A  C
Đ  E  B  L  A  T  S  Đ  B  A  V  Y  T  S
O  N  B  I  J  E  L  I  Đ  Z  D  R  A  V
H  J  O  Z  T  N  M  T  A  N  A  K  Č  A
H  U  C  F  G  A  N  C  S  G  F  U  A  E
```

SREBRO	SIVA
BIJELI	DUGO
PLAVUŠA	SMEĐ
KOVRČE	TANAK
SJAJAN	CRNA
ĆELAV	VALOVITA
KRATAK	ZDRAV
MEKAN	SUHO
DEBEO	PLETENICE
KOVRČAVA	PLETENA

15 - Restaurant #1

```
P  H  S  Đ  T  Z  H  V  U  J  M  A  K  Z
R  I  U  B  R  U  S  R  M  G  E  L  O  V
E  R  L  Z  D  J  E  L  A  P  S  E  N  M
Z  I  D  E  S  E  R  T  K  N  O  R  O  W
E  S  A  S  T  O  J  C  I  J  A  G  B  B
R  K  A  V  A  I  L  Đ  D  W  K  I  A  L
V  F  T  R  C  L  N  U  A  W  K  J  R  A
A  K  A  J  I  S  W  A  P  K  U  A  I  G
C  U  N  I  Đ  R  N  K  J  M  O  V  C  A
I  H  J  K  J  E  L  O  V  N  I  K  A  J
J  I  U  R  B  O  L  I  Ž  B  O  I  M  N
A  N  R  U  A  K  U  T  N  I  G  C  T  I
T  J  Đ  H  A  E  Y  V  B  D  V  K  T  K
R  A  Y  K  I  S  F  E  L  J  Z  J  N  M
```

ALERGIJA	JELOVNIK
TANJUR	HRANA
ZDJELA	KRUH
KAVA	PILETINA
BLAGAJNIK	REZERVACIJA
NOŽ	UMAK
KUHINJA	KONOBARICA
DESERT	UBRUS
AKUTNI	MESO
SASTOJCI	

16 - Mammifères

```
V O V F U Z J S L O N B C V
G U V M A J M U N G A B M V
M I K C M U M V K O J O T R
O G G R E Y Y O O R S Ž W S
K I T D Z V C T N I Đ I L P
E U B Z E B R A J L N R T T
L I S I C A T G Đ A L A L I
Z E C Y A V Y J C A A F N G
B T B P U E S Đ Đ Y S A P A
E K I R B Y S K L O K A N R
L G K V V Y F H P Y O U S N
C I H Đ P E A Z L S O M V D
D U P I N G N M A Č K A T Đ
P A S L G A I S V P C A L P
```

KIT	ZEC
MAČKA	LAV
KONJ	VUK
PAS	OVCE
KOJOT	SNOSITI
DUPIN	LISICA
SLON	MAJMUN
ŽIRAFA	BIK
GORILA	TIGAR
KLOKAN	ZEBRA

17 - Sports

```
J  P  S  G  P  S  C  B  I  P  I  R  Y  B
K  B  T  I  R  T  V  C  G  O  L  F  T  I
O  E  A  M  V  Đ  H  J  U  K  K  L  E  C
Š  J  D  N  E  C  C  D  K  R  F  V  N  I
A  Z  I  A  N  A  G  L  C  E  Y  G  I  K
R  B  O  S  S  U  D  A  C  T  I  M  S  L
K  O  N  T  T  P  O  B  J  E  D  N  I  K
A  L  J  I  V  L  O  G  M  I  T  Đ  W  V
I  Z  B  K  O  I  H  R  I  G  R  A  Č  A
M  V  H  A  Y  V  M  O  T  R  E  N  E  R
O  H  I  Z  Đ  A  R  U  K  A  A  T  R  F
T  C  W  L  S  T  J  P  G  E  Š  L  E  H
Đ  E  L  Đ  H  I  S  H  S  Đ  J  C  N  D
G  I  M  N  A  Z  I  J  A  M  U  Z  N  F
```

SUDAC	GIMNASTIKA
SPORTAŠ	HOKEJ
BEJZBOL	IGRA
KOŠARKA	IGRAČ
PRVENSTVO	POKRET
TRENER	PLIVATI
TIM	STADION
POBJEDNIK	TENIS
GOLF	BICIKL
GIMNAZIJA	

18 - Chocolat

```
R  Z  Y  T  Z  Y  P  B  A  B  B  L  S  K
V  I  K  Đ  A  A  Y  G  O  R  A  K  I  O
U  K  U  S  N  O  K  U  S  M  O  K  A  K
F  K  A  R  A  M  E  L  A  E  B  M  N  O
N  H  U  Z  T  P  R  A  H  Đ  W  O  A  S
I  N  C  S  S  K  A  K  A  O  N  I  N  G
S  L  A  T  K  O  U  U  P  J  L  Š  Z  Đ
A  G  E  T  I  K  V  A  L  I  T  E  T  A
S  O  M  I  L  J  E  N  I  V  R  Ć  C  D
T  K  A  L  O  R  I  J  E  F  E  E  N  E
O  E  G  Z  O  T  I  Č  N  O  C  R  L  L
J  M  S  T  A  N  B  V  M  T  E  R  P  M
A  Z  T  A  E  S  T  D  E  L  P  M  I  T
K  I  K  I  R  I  K  I  Y  T  T  A  W  T
```

GORAK	EGZOTIČNO
AROMA	OMILJENI
ZANATSKI	UKUS
BOMBON	SASTOJAK
KIKIRIKI	KOKOS
KAKAO	PRAH
KALORIJE	KVALITETA
KARAMELA	RECEPT
UKUSNO	OKUS
SLATKO	ŠEĆER

19 - Mathématiques

```
J Z U V D P A C G D K Z A O
D K A K E A R C E D V C Đ K
N U S G C R I R O U T I S N
R T E P I A T S M S I M J Z
P O K R M L M P E N Y W P E
E V S A A E E P T J Z G Đ R
R I P V L L T T R O P S E G
I T O O A N I U I O Y M L Z
M R N K L O K P J Z M N H M
E O E U Y I A T A F P J C S
T K N T Z Y G S U M A B E D
A U T N G O K O M I C A I R
R T O I Y J E D N A D Ž B A
C W F K K V A D R A T Z C Đ
```

KUTOVI   GEOMETRIJA
ARITMETIKA   PARALELNO
KVADRAT   OKOMICA
OPSEG   PERIMETAR
DECIMALA   POLIGON
PROMJER   PRAVOKUTNIK
EKSPONENT   SUMA
JEDNADŽBA   TROKUT

20 - Mythologie

```
L A B I R I N T U B F Z F B
V V C B E S M R T N O S T S
U V J E R E N J A G Y N O R
P O N A Š A N J E R A A U A
Č A R O B N I I I M R G I T
O S V E T A M K H L H A S N
O R S T V O R E N J E K M I
S T V A R A N J E A T S R K
P Z A U V O H Z J V I Z T U
L J U B O M O R A I P M N L
Č U D O V I Š T E N B U I T
M J R L E G E N D A R N K U
K A T A S T R O F A W J U R
V F T W V L B E J U N A K A
```

ARHETIP	JUNAK
KATASTROFA	BESMRTNOST
PONAŠANJE	LJUBOMORA
STVARANJE	LABIRINT
STVORENJE	LEGENDA
UVJERENJA	ČAROBNI
KULTURA	ČUDOVIŠTE
MUNJA	SMRTNIK
SNAGA	GRMLJAVINA
RATNIK	OSVETA

21 - Restaurant #2

```
V  L  E  D  H  S  Z  K  S  K  R  U  I  Đ
O  V  I  L  I  C  A  S  T  O  L  I  C  A
D  A  S  E  U  P  Č  A  O  N  L  S  T  F
A  D  V  E  K  O  I  L  R  O  J  M  Đ  O
P  I  Ć  E  U  R  N  A  T  B  V  A  S  M
B  Đ  Z  C  S  T  I  T  A  A  E  V  J  P
R  E  Z  A  N  C  I  A  R  R  Č  O  R  A
U  I  V  P  O  V  R  Ć  E  Y  E  Ć  B  E
Č  I  B  Ž  L  I  C  A  E  H  R  E  R  A
A  W  F  A  K  D  J  U  H  A  A  G  M  D
K  P  A  U  U  T  F  O  R  A  Z  Đ  Đ  R
A  Đ  Đ  K  Y  I  I  I  V  A  A  R  W  C
S  Z  N  D  Đ  L  T  E  T  G  G  S  E  Z
I  J  P  L  W  Y  Y  K  U  A  D  E  V  E
```

PIĆE	TORTA
STOLICA	LED
ŽLICA	POVRĆE
RUČAK	REZANCI
UKUSNO	JAJA
VEČERA	RIBA
VODA	SALATA
ZAČINI	SOL
VILICA	KONOBAR
VOĆE	JUHA

22 - Couleurs

```
K  S  N  H  F  C  U  G  P  V  D  M  L  Đ
Z  E  L  E  N  U  R  T  F  L  B  Y  U  C
A  P  Đ  T  P  D  K  N  E  A  A  O  Y  O
F  I  T  D  M  T  Z  S  A  F  J  V  K  L
H  J  U  M  H  Z  Z  I  I  P  S  S  A  J
M  A  D  A  C  G  A  V  J  J  W  F  R  U
A  C  R  U  Ž  I  Č  A  S  T  A  Đ  M  B
G  I  N  D  I  G  O  C  R  V  E  N  A  I
E  J  B  N  Ž  U  T  A  B  O  J  A  L  Č
N  A  R  A  N  Č  A  H  I  M  E  B  F  A
T  N  N  U  M  Y  T  W  J  B  E  Ž  Y  S
A  T  F  K  P  G  S  M  E  Đ  O  N  F  T
L  W  R  K  K  V  R  R  L  S  H  T  B  A
G  V  E  J  O  V  F  K  I  E  M  K  U  F
```

BEŽ	SMEĐ
BIJELI	CRNA
PLAVA	NARANČA
CIJAN	RUŽIČASTA
FUKSIJA	CRVENA
SIVA	SEPIJA
INDIGO	ZELEN
ŽUTA BOJA	LJUBIČASTA
MAGENTA	

23 - Avions

```
J  A  N  T  S  V  S  P  Z  Y  P  E  I  L
R  L  T  V  M  O  L  R  R  R  U  V  T  I
N  W  U  I  J  D  I  O  A  Y  T  I  A  Z
A  E  R  E  E  I  J  P  K  C  N  S  V  G
P  A  B  M  R  K  E  E  P  T  I  I  V  R
U  T  U  O  Y  R  T  L  I  O  K  N  S  A
H  M  L  T  V  A  A  E  L  P  S  A  T  D
A  O  E  O  S  C  N  R  O  K  C  A  P  N
T  S  N  R  G  V  J  I  T  O  T  F  D  J
I  F  C  J  F  E  B  W  W  M  C  U  A
V  E  I  B  Y  A  V  A  N  T  U  R  A  S
V  R  J  J  A  A  S  L  K  H  U  U  E  Z
E  A  A  T  F  T  P  O  V  I  J  E  S  T
S  I  L  A  Z  A  K  N  G  O  R  I  V  O
```

ZRAK	POSADA
ATMOSFERA	NAPUHATI
SLIJETANJE	VISINA
AVANTURA	PROPELERI
BALON	POVIJEST
GORIVO	VODIK
NEBO	MOTOR
IZGRADNJA	PUTNIK
SILAZAK	PILOT
SMJER	TURBULENCIJA

24 - Aventure

```
L  E  N  T  U  Z  I  J  A  Z  A  M  E  H
O  J  N  A  V  I  G  A  C  I  J  A  Y  R
I  P  E  H  N  G  C  P  R  I  R  O  D  A
Z  R  O  P  V  A  I  F  A  S  J  D  C  B
N  I  B  R  O  D  R  E  D  I  Š  T  E  R
E  L  I  I  B  T  J  Y  O  G  N  Y  D  O
N  I  Č  P  Z  I  A  N  S  U  T  O  A  S
A  K  N  R  I  Z  L  E  T  R  E  O  V  T
Đ  A  O  E  R  A  M  L  Z  N  Š  P  F  O
U  H  D  M  T  Z  U  Đ  C  O  K  A  V  M
J  G  B  A  N  O  G  B  M  S  O  S  U  V
U  A  K  T  I  V  N  O  S  T  Ć  N  G  Z
Ć  B  S  I  C  I  S  T  O  L  A  O  R  R
I  T  I  N  E  R  A  R  J  C  D  N  J  Đ
```

AKTIVNOST	NEOBIČNO
LJEPOTA	ITINERAR
HRABROST	RADOST
PRILIKA	PRIRODA
OPASNO	NAVIGACIJA
ODREDIŠTE	NOVO
IZAZOVI	PRIPREMA
TEŠKOĆA	SIGURNOST
ENTUZIJAZAM	IZNENAĐUJUĆI
IZLET	

25 - Ville

```
Z O O L O Š K I V R T Y A K
H F W B H S A I T T S S A N
Y G F Z T T E R N H S V W J
K A I R B A S E K O L E K I
K L I A Z D U S A T J U N Ž
Š E I Č R I P T Z E E Č J A
K R L N D O E O A L K I I R
O I S A I N R R L A A L Ž A
L J J L V K M A I M R I N U
A A N U O U A N Š U N Š I F
U C Y K T E R R T Z A T C K
B A B A B Y K A E E R E A K
B A N K A C E C V J E Ć A R
P E K A R A T T R Ž I Š T E
```

ZRAČNA LUKA	KNJIŽARA
BANKA	TRŽIŠTE
KNJIŽNICA	MUZEJ
PEKARA	LJEKARNA
KINO	RESTORAN
KLINIKA	STADION
ŠKOLA	SUPERMARKET
CVJEĆAR	KAZALIŠTE
GALERIJA	SVEUČILIŠTE
HOTEL	ZOOLOŠKI VRT

26 - Cuisine

```
N  O  Ž  E  V  I  H  F  J  E  P  T  U  W
F  S  K  S  U  C  M  N  G  M  N  H  K  N
J  M  T  G  C  G  F  B  S  Z  T  U  U  K
P  E  Ć  N  I  C  A  V  O  Z  F  B  T  O
P  A  Ž  L  I  C  E  R  S  W  P  R  L  N
Y  K  O  B  J  R  E  C  E  P  T  U  A  R
L  B  J  W  V  I  L  I  C  E  Y  S  Č  O
H  R  A  N  A  P  M  C  P  C  Č  E  J  A  Š
T  R  P  L  Y  P  R  E  G  A  Č  A  O  T
H  L  A  D  N  J  A  K  G  J  V  R  Č  I
Z  D  J  E  L  A  L  L  B  N  P  Y  N  L
R  Đ  E  Y  Z  A  M  R  Z  I  V  A  Č  J
C  D  Z  A  Č  I  N  I  U  K  M  V  K  Z
S  P  U  Ž  V  A  Š  A  L  I  C  E  V  G
```

ZDJELA	VILICE
ČAJNIK	ROŠTILJ
ZAMRZIVAČ	KUTLAČA
NOŽEVI	HRANA
VRČ	RECEPT
ŽLICE	HLADNJAK
ZAČINI	UBRUS
SPUŽVA	PREGAČA
PEĆNICA	ŠALICE

27 - Corps Humain

```
Ž  C  K  R  V  O  Đ  G  B  G  P  N  M  I
K  E  O  L  V  K  T  V  R  L  U  H  O  U
M  R  L  R  A  M  E  R  A  E  Č  P  Z  S
G  I  J  U  S  N  E  A  D  Ž  E  B  A  R
O  P  E  K  D  T  R  T  A  A  L  L  K  C
D  I  N  A  N  A  U  R  U  N  J  E  O  E
P  Đ  O  K  L  I  C  E  D  J  U  Z  Ž  L
P  F  Y  S  K  Y  Y  Y  E  U  S  T  A  A
W  R  H  S  S  K  F  L  C  M  T  O  C  K
Y  J  S  D  O  J  I  P  D  U  F  F  V  A
F  D  D  T  F  D  C  J  O  P  I  Đ  G  T
H  C  Đ  F  F  V  D  A  G  V  D  S  A  Z
C  W  G  M  V  H  O  G  G  L  A  V  A  G
D  R  A  W  A  Đ  A  J  C  B  K  R  G  N
```

USTA	USNE
MOZAK	RUKA
GLEŽANJ	ČELJUST
VRAT	BRADA
LAKAT	NOS
SRCE	UHO
PRST	KOŽA
ŽELUDAC	KRV
RAME	GLAVA
KOLJENO	LICE

28 - Épices

```
D J N V G Z Š I Z W D I Y H
I D U A C T A H V Đ I N K Y
A R E N R V F P P K U M I N
D W D I K O R I J A N D E R
L U K L O K A S Đ R P Z C H
O K P I M U N K A D Z A U V
M D U J O S R A F A C S R L
E M R A R S V V W M Đ L R Đ
J R O L A S D I M O U A Y U
Y N M Đ Č P H C I M E T E M
A G O R A K P A P R I K A B
H N S Č E Š N J A K Z I H I
R Z I O K I S E L O U B S R
B M L S L Đ Đ H O G J Y H P
```

KISELO
ČEŠNJAK
GORAK
ANIS
CIMET
KARDAMOM
KORIJANDER
KUMIN
CURRY
KOMORAČ

PISKAVICA
ĐUMBIR
LUK
PAPRIKA
PAPAR
SLATKI
ŠAFRAN
OKUS
SOL
VANILIJA

29 - Science

```
M E T O D A Z M A M Z P O P
F K Č P I G R I K L I M A R
I E I O R G A N I Z A M B O
Z M N D W A Č E S T I C E M
I I J A E C G R P S J E G A
K J E C G F F A O L L O S T
A S N I J M O L E K U L E R
B K I C U P S I P C S R T A
L I C N N R I Z I M B Y V N
A I A E V O L U C I J A F J
H I P O T E Z A A Z G L P E
G A Z L A B O R A T O R I J
P R I R O D A Z V T O W F T
E K S P E R I M E N T M L U
```

ATOM

KEMIJSKI

KLIMA

PODACI

EKSPERIMENT

EVOLUCIJA

ČINJENICA

FOSIL

HIPOTEZA

LABORATORIJ

METODA

MINERALI

MOLEKULE

PRIRODA

PROMATRANJE

ORGANIZAM

ČESTICE

FIZIKA

30 - Chats

```
N E Z A V I S N A O C F T S
P R E Đ A Š G H L S J M I T
Đ G Z Z J B A M A O O A K I
Y L K N T A W P S B S L W D
V Y A Y A K P E A N P E T L
D G C S C T R H C O A N D J
A Y S S T C I Z N S V P I I
W Y D M S L P Ž N T A U V V
R A Z I G R A N E O T F L T
C R U J L U D H D L I G J L
R E I E K A N D Ž A J E I I
G P U Š M I Š Đ E Z R A O I
B T U N B R Z O Đ T K L N N
Y P L O V A C F H T M W B A
```

LOVAC
ZNATIŽELJAN
SPAVATI
SMIJEŠNO
RAZIGRAN
PREĐA
LUD
KRZNO
KANDŽA

NEZAVISNA
ŠAPA
OSOBNOST
MALEN
REP
BRZO
DIVLJI
MIŠ
STIDLJIV

31 - Vêtements

```
K  O  Š  U  L  J  A  N  W  N  P  N  O  R
P  W  L  V  A  B  O  A  S  S  R  L  Y  L
O  I  K  S  Đ  L  G  R  A  Š  E  Š  I  R
J  H  D  A  T  U  R  U  N  I  G  O  Đ  D
A  L  L  Ž  R  Z  L  K  D  F  A  G  V  Ž
S  P  A  B  A  A  I  V  A  O  Č  M  U  E
W  B  J  M  P  M  C  I  L  P  A  R  Z  M
U  Š  C  Z  E  S  A  C  E  J  U  Đ  O  P
K  A  H  C  R  U  E  A  Z  B  I  T  N  E
M  L  N  T  I  K  H  A  L  J  I  N  A  R
F  O  M  G  C  N  R  U  K  A  V  I  C  E
B  G  D  N  E  J  H  L  A  Č  E  B  B  G
U  W  U  A  K  A  C  I  P  E  L  A  A  G
Y  J  K  N  O  J  A  K  N  A  B  R  F  M
```

NARUKVICA	SUKNJA
POJAS	KAPUT
ŠEŠIR	MODA
CIPELA	HLAČE
KOŠULJA	DŽEMPER
BLUZA	PIDŽAMA
OGRLICA	HALJINA
ŠAL	SANDALE
RUKAVICE	PREGAČA
TRAPERICE	JAKNA

32 - Arts Visuels

```
A W D C M T F U Y K G F A E
Y R K R E D A G V O S A K G
L O H W N F I L M Z A P T P
T Đ J I L A K J C R S O K E
O G N U T N A E Z T T R R R
D L U M J E T N I K A E E S
V I O S L K K I G S V M A P
Y N P V L E C T S P P E T E
K A W K K I E Z U O Y K I K
M Đ J H U A K P E R D D V T
K E R A M I K A J T A J N I
S K U L P T U R A R U E O V
S P D S T A L A K E S L S A
M A T R I C A P S T J O T Y
```

ARHITEKTURA
GLINA
UMJETNIK
KERAMIKA
UGLJEN
REMEK-DJELO
STALAK
VOSAK
SASTAV
KREDA

OLOVKA
KREATIVNOST
FILM
SLIKA
PERSPEKTIVA
MATRICA
PORTRET
SKULPTURA
LAK

33 - Méditation

```
G  L  A  Z  B  A  U  Đ  T  S  B  P  R  Z
V  E  M  O  C  I  J  E  I  U  M  R  K  Y
P  P  R  I  R  O  D  A  Š  O  L  I  G  E
O  R  B  A  R  J  D  S  I  S  J  H  M  I
K  O  B  G  L  K  B  V  N  J  U  V  E  Z
R  M  F  G  H  H  C  U  A  E  B  A  N  A
E  A  P  O  D  P  L  U  D  Ć  A  Ć  T  H
T  T  D  I  S  A  N  J  E  A  Z  A  A  V
W  R  R  W  R  Ž  A  M  C  N  N  N  L  A
V  A  Ž  P  F  N  V  M  J  J  O  J  N  L
U  N  A  V  F  J  I  V  I  E  S  E  O  N
D  J  N  E  F  A  K  S  U  R  T  J  U  O
P  E  J  E  B  G  E  V  W  G  A  Đ  S  S
Y  U  E  J  A  S  N  O  Ć  A  S  N  A  T
```

PRIHVAĆANJE	MENTALNO
PAŽNJA	POKRET
MIRAN	GLAZBA
JASNOĆA	PRIRODA
SUOSJEĆANJE	PROMATRANJE
EMOCIJE	MIR
BUDAN	DRŽANJE
LJUBAZNOST	DISANJE
ZAHVALNOST	TIŠINA
NAVIKE	

34 - Littérature

```
A N A L O G I J A C W A A Đ
I M A T E M A N E G D O T A
N Z A K L J U Č A K S J D W
P R I P O V J E D A Č T W Y
J B S N Đ G V B T O Y Z I F
E J M B P K D I J A L O G L
S Đ M E T A F O R A Y A R O
N R O P I S F G P J E S M A
I I Z Y B I B R O M A N C N
Č T A U T O R A R Đ N R Z A
K A W K H F W F H I F G Y O
I M S R U H D I V L M D W E
A N A L I Z A J F C B A N P
F I K C I J A A E G N A K E
```

ANALOGIJA	METAFORA
ANALIZA	PRIPOVJEDAČ
ANEGDOTA	PJESMA
AUTOR	PJESNIČKI
BIOGRAFIJA	RIMA
ZAKLJUČAK	ROMAN
OPIS	RITAM
DIJALOG	STIL
FIKCIJA	TEMA

35 - Nourriture #1

```
B  D  L  R  Z  O  U  Č  P  F  H  P  A  P
H  O  J  U  H  A  U  E  U  P  U  U  K  C
R  H  S  O  K  R  U  Š  K  A  T  A  T  A
E  W  O  I  H  D  Z  N  A  J  U  Z  C  N
P  F  L  T  L  H  C  J  V  E  N  M  J  R
A  R  Z  S  I  J  T  A  A  Č  A  J  J  P
T  P  R  T  M  M  A  K  L  A  N  I  D  M
Z  B  N  C  U  G  L  K  U  M  E  S  O  R
J  Š  P  I  N  A  T  I  K  P  U  J  I  K
D  W  W  M  I  S  O  A  J  Đ  R  Đ  M  V
M  M  L  E  Z  B  D  G  C  E  R  N  D  A
E  Z  L  T  Y  L  G  N  C  K  K  G  W  L
S  A  L  A  T  A  Š  E  Ć  E  R  O  D  I
B  S  K  H  P  E  D  M  J  A  G  O  D  A
```

ČEŠNJAK	REPA
BOSILJAK	LUK
KAVA	JEČAM
CIMET	KRUŠKA
MRKVA	SALATA
LIMUN	SOL
ŠPINAT	JUHA
JAGODA	ŠEĆER
SOK	TUNA
MLIJEKO	MESO

36 - Jours et Mois

```
O K W U Đ H S E S U B O T A
Z Ž A D W Đ R Y R S P R J S
S N U L Z W I C K I O B E R
T V A J E W J T A J G S D P
R K N B A N E D J E L J A A
A E L P M K D H Z Č D R N N
V Č Y P G J A A Z A B U N J
A M E P E T A K R N E J J H
N J U T O R A K H J W A B Z
J E M F V E L J A Č A N S U
Z S Y Z J R L I S T O P A D
T E M C D R T K O L O V O Z
W C H A W R Y A L I P A N J
S T U D E N I O K Đ F D K R
```

KOLOVOZ	OŽUJAK
TRAVANJ	SRIJEDA
KALENDAR	MJESEC
NEDJELJA	STUDENI
VELJAČA	LISTOPAD
SIJEČANJ	SUBOTA
ČETVRTAK	TJEDAN
SRPANJ	RUJAN
LIPANJ	PETAK
UTORAK	

37 - Championnat

```
T R E N E R F Z L K F H O M
M I U H B J Đ I Y I I C M P
D L M C H T U R N I R L K T
S T R A T E G I J A H Y K I
M E D A L J A D M R L A W G
O I U F Z G M Z S N I I J R
T P Z I S I Đ D J A G P S E
I O W V P H I Đ G Đ A U J T
V B D Z O P R V E N S T V O
A J J P R Đ Z N O J E N J E
C E O T T E E S U D A C I R
I D Y V S R R N N P R V A K
J A Y G K P M P J F J I R P
A W F F I E O I M E Đ W O Y
```

PRVAK	MEDALJA
PRVENSTVO	MOTIVACIJA
TRENER	IZVOĐENJE
TIM	SPORTSKI
FINALIST	STRATEGIJA
IGRE	TURNIR
SUDAC	ZNOJENJE
LIGA	POBJEDA

38 - Pirates

```
J J B B J Š H W L V M K M Z
P L A Ž A P J M H O H A U L
K O G O S I D R O Ž Š P Č A
O P S L N L J U C I H E B T
V A A A O J S M E L C T D O
A S V V D A F G A J W A M G
N N P A S A Y Z N A Đ N J M
I O P N B F W A F K O T O K
C S G T I W Đ S V Đ W A K Đ
E T D U R R T N O D U A G
N L R R T B L A G O Z R R B
H Z H A N C Đ V I L S G T I
W U A H D Đ P A P I G A A J
L E G E N D A W W C B F V F
```

SIDRO	OTOK
AVANTURA	LEGENDA
KAPETAN	LOŠE
KARTA	OCEAN
OŽILJAK	ZLATO
OPASNOST	PAPIGA
ZASTAVA	KOVANICE
MAČ	PLAŽA
POSADA	RUM
ŠPILJA	BLAGO

39 - Activités

```
C K L D R I N T E R E S I Z
L K A M P I R A N J E J Š A
V O I G R E B Đ Đ L V P I D
I Z V R E I M A G I J A V O
T O E I E F T V R K E Z A V
U M J E T N O S T S Š B N O
F O W Z L E B L U Đ T S J L
L O K E K M R I D S I V E J
P U I J T A T K I G N C O S
U L O K U U Đ A B W A Đ J T
G K E R A M I K A W H H G V
W E N S Č I T A N J E L H O
N Y F O T O G R A F I J A T
I A U P Đ A K T I V N O S T
```

AKTIVNOST
UMJETNOST
OBRT
KAMPIRANJE
KERAMIKA
LOV
VJEŠTINA
ŠIVANJE
PLES

INTERESI
IGRE
ČITANJE
MAGIJA
SLIKA
RIBARSTVO
FOTOGRAFIJA
ZADOVOLJSTVO

40 - Fleurs

```
B  L  Đ  C  R  A  L  J  I  L  J  A  N  T
O  O  I  W  Z  M  N  V  Y  N  A  V  Z  E
R  T  Ž  L  H  A  H  I  B  I  S  K  U  S
H  A  U  U  A  G  K  P  B  Y  M  A  K  C
I  V  D  K  R  N  J  T  U  L  I  P  A  N
D  O  G  R  J  O  H  I  K  O  N  V  G  L
E  G  U  U  P  L  U  M  E  R  I  J  A  A
J  E  L  Ž  A  I  A  G  T  G  R  Z  R  V
A  D  O  A  Z  J  R  T  N  U  D  U  D  A
K  B  A  J  N  A  R  C  I  S  S  A  E  N
D  J  E  T  E  L  I  N  A  C  F  U  N  D
T  R  A  T  I  N  Č  I  C  A  A  W  I  A
S  U  N  C  O  K  R  E  T  G  D  I  J  U
M  A  S  L  A  Č  A  K  P  C  W  Y  A  T
```

BUKET	ORHIDEJA
GARDENIJA	MAK
HIBISKUS	LATICA
JASMIN	MASLAČAK
NARCIS	BOŽUR
LAVANDA	PLUMERIJA
LILA	RUŽA
LJILJAN	SUNCOKRET
MAGNOLIJA	DJETELINA
TRATINČICA	TULIPAN

41 - Nourriture #2

```
N W R G L J I V A L Y O P P
B A N A N A M A L V R K I Š
A K I V I B U Y Y P D P L E
D F W O B U F S C R Y G E N
E K G J Y K C B B Y M P T I
M Đ R M R A M C E L E R I C
I V G U U B Č G U V P D N A
Z E R O H B R O K U L A A I
G F O O T Z L J K S F R R M
R I Ž Š U N K A N O L I I A
B O Đ A D Y U J A O L Ž B N
L T E M W T R E Š N J A A G
U P A T L I D Ž A N O D D O
U O Y F E G R R A J Č I C A
```

BADEM	KIVI
PATLIDŽAN	MANGO
BANANA	JAJE
PŠENICA	KRUH
BROKULA	RIBA
TREŠNJA	JABUKA
CELER	PILETINA
GLJIVA	GROŽĐE
ČOKOLADA	RIŽA
ŠUNKA	RAJČICA

42 - Océan

```
J  M  C  Y  S  Z  Č  A  M  A  C  K  K  V
J  E  O  E  U  R  S  S  L  T  S  K  A  A
Z  D  N  R  I  B  A  B  Đ  G  L  N  M  L
K  U  F  A  S  P  U  Ž  V  A  E  M  E  O
F  Z  Đ  K  O  K  I  T  W  I  V  Š  N  V
T  A  A  I  L  C  I  R  Z  A  G  K  I  I
M  J  J  Đ  V  H  U  P  L  W  K  A  C  T
R  R  J  E  G  U  L  J  A  E  O  M  A  R
G  R  E  B  E  N  H  T  M  S  R  P  L  R
I  D  O  L  U  J  A  G  H  I  A  I  D  M
M  T  D  P  I  R  D  L  K  T  L  C  U  K
J  U  K  O  R  N  J  A  Č  A  J  F  P  K
O  N  W  U  U  H  B  F  D  F  A  V  I  K
B  A  H  O  B  O  T  N  I  C  A  H  N  M
```

ALGE	MEDUZA
JEGULJA	RIBA
KIT	HOBOTNICA
ČAMAC	MORSKI PAS
KORALJA	GREBEN
RAK	SOL
ŠKAMPI	OLUJA
DUPIN	TUNA
SPUŽVA	KORNJAČA
KAMENICA	VALOVI

43 - Remplir

```
T R R S W L D S N E K W I M
B O P O E B A Č V A O M H K
O D R R F R M D B T Š Y O C
C G D B Đ O A Ž I F A S M Z
A B Y L A D P E Y C R G O W
U U T S Đ Y A P G H A R T F
A Z M Đ U K A R T O N S N L
Z Y G M J U J S Y P E A I N
K N G P H T C I J E V N C O
Đ A P A S I K A N T A D A B
T U D B J J P A K E T U I R
W D V A Z A K O F E R K I M
P Y W O L P O J M E T Đ P U
R N K C Z C Y Đ E K G V K C
```

KADA	KOŠARA
BAČVA	PAKET
KUTIJA	DŽEP
BOCA	TORBA
SANDUK	KANTA
KARTON	LADICA
MAPA	CIJEV
OMOTNICA	KOFER
BROD	VAZA

44 - Ballet

```
S  S  I  V  W  P  K  V  D  M  E  Z  O  C
T  K  N  U  J  G  R  A  C  I  O  Z  A  N
I  L  T  M  C  E  D  R  Y  Š  P  I  T  O
L  A  E  J  P  E  Š  B  U  I  L  Z  D  R
H  D  N  E  R  O  D  T  P  Ć  J  G  T  K
C  A  Z  T  O  I  G  K  I  I  E  L  W  E
B  T  I  N  B  P  T  L  M  N  S  A  T  S
A  E  T  I  A  U  L  A  V  U  A  Z  B  T
L  L  E  Č  I  B  J  E  M  N  K  B  G  A
E  J  T  K  V  L  M  O  S  E  Z  A  E  R
R  E  L  I  V  I  G  Đ  O  A  N  Đ  S  D
I  A  W  K  M  K  F  F  L  D  Č  K  T  U
N  Đ  D  S  S  A  E  B  O  N  N  I  A  G
A  I  Z  R  A  Ž  A  J  A  N  W  K  M  L
```

PLJESAK	INTENZITET
UMJETNIČKI	MIŠIĆI
BALERINA	GLAZBA
VJEŠTINA	ORKESTAR
SKLADATELJ	PUBLIKA
PLESAČI	PROBA
IZRAŽAJAN	RITAM
GESTA	SOLO
GRACIOZAN	STIL

45 - Fruit

```
A A G F V U C F U G E K V R
S V L V K F L I M U N W J L
B P O Š L J I V A A R B P H
Y R Y K B R E S K V A L G M
H O J B A N A N A A H C M C
D L Y U H D T R E Š N J A W
J A B U K A O N G S A H R E
K A N A N A S N P D R E E C
G R O Ž Đ E M G N V A U L W
M A N G O C O A O U N Đ I D
B O B I C A K R L K Č H C I
P A P A J A V L K I A T A N
M K R U Š K A V H V N O Đ J
L U L J M Z B V Đ I W A P A
```

MARELICA	KIVI
ANANAS	MANGO
AVOKADO	DINJA
BOBICA	NARANČA
BANANA	PAPAJA
TREŠNJA	BRESKVA
LIMUN	KRUŠKA
SMOKVA	JABUKA
MALINA	ŠLJIVA
GUAVA	GROŽĐE

46 - Surf

```
P  G  G  E  G  O  C  E  A  N  P  V  O  H
O  G  Đ  T  N  D  H  K  A  R  R  E  J  V
Č  S  S  P  O  R  T  A  Š  E  V  S  J  G
E  T  T  Y  R  Z  M  E  U  K  A  L  Y  T
T  L  S  I  J  V  V  Y  D  U  K  O  G  R
N  P  Z  Đ  L  A  Ž  J  Z  H  Y  R  U  Z
I  C  U  U  Y  L  P  E  S  P  L  A  Ž  A
K  P  L  I  V  A  T  I  L  N  C  P  V  B
V  R  I  J  E  M  E  Đ  P  U  A  N  E  A
K  R  A  J  N  O  S  T  J  G  D  G  N  V
U  S  U  K  G  R  E  B  E  N  L  A  A  A
Đ  A  D  P  B  R  Z  I  N  A  P  C  C  K
Z  D  U  I  Z  F  G  O  A  L  Z  W  G  A
O  Y  Z  P  O  P  U  L  A  R  A  N  F  W
```

ZABAVA	PLIVATI
SPORTAŠ	OCEAN
PRVAK	VESLO
POČETNIK	PLAŽA
ŽELUDAC	POPULARAN
KRAJNOST	GREBEN
SNAGA	STIL
GUŽVE	VAL
VRIJEME	BRZINA
PJENA	

47 - Technologie

```
R D V T F I H N O B D O H B
A A I J K B Đ Đ H D L N P A
Č T Y I R E Đ U U I S O G J
U O N Y J M C P V G T I G T
N T V I R U S R I I A Z I O
A E S O F T V E R T T V E V
L K A M E R A G T A I I N I
O A V L G Đ W L U L S N P Z
I P G S P E P E A N T T R A
A P O D A C I D L I I E I S
U K U R S O R N A Đ K R K L
O E M U U L U I N P A N A O
A G A D H K E K S S M E Z N
R Z R L K U A P N J P T O E
```

PRIKAZ
BLOG
KAMERA
KURSOR
PODACI
ZASLON
DATOTEKA
INTERNET
SOFTVER

PORUKA
PREGLEDNIK
DIGITALNI
BAJTOVI
RAČUNALO
STATISTIKA
VIRTUALAN
VIRUS

48 - Comédie

```
P  H  S  R  S  D  W  M  K  F  W  G  I  W
A  A  S  M  P  L  Y  T  L  J  Đ  Y  M  F
R  I  M  N  I  Đ  V  Đ  A  Đ  K  H  P  G
O  S  I  E  L  J  Z  H  U  M  O  R  R  G
D  I  J  C  T  B  E  I  N  V  V  H  O  L
I  Z  E  Z  E  A  Đ  H  O  W  I  Đ  V  U
J  R  Š  A  L  E  N  B  V  T  J  P  I  M
A  A  N  E  E  P  G  U  I  W  N  U  Z  I
F  Ž  O  Z  V  G  L  U  M  A  C  B  A  C
R  A  Y  A  I  Y  I  J  T  G  B  L  C  A
P  J  L  B  Z  Ž  I  F  E  P  M  I  I  C
T  A  H  A  I  A  J  H  W  S  D  K  J  V
T  N  Z  V  J  N  Y  S  M  T  A  A  A  J
P  R  A  A  A  R  F  K  Đ  M  C  K  L  Y
```

GLUMAC	ŽANR
GLUMICA	HUMOR
ZABAVA	IMPROVIZACIJA
PLJESAK	PAMETAN
ŠALE	PARODIJA
KLAUNOVI	PUBLIKA
SMIJEŠNO	SMIJEH
IZRAŽAJAN	TELEVIZIJA

49 - Météo

```
N R U J P L T R O P S K I T
E D F U C A F D Y O U J G E
S J E Y N S A N T P Š I W M
P T E D D G B O B L A K J P
D O L U J A P I M A G L A E
T R L G L E D K G V P N L R
A N S A G R M L J A V I N A
M A B U R H U I E A V D E T
U D U W H N K M V P J A B U
R O A I U O I A O S E R O R
A A T M O S F E R A T B I A
G A I S B K S C M Y A W O Đ
A M O N S U N Y C Z R V R L
N P O V J E T A R A C T O Z
```

DUGA	URAGAN
ATMOSFERA	POLARNI
POVJETARAC	SUHO
MAGLA	SUŠA
NEBO	TEMPERATURA
KLIMA	OLUJA
LED	GRMLJAVINA
POPLAVA	TORNADO
MONSUN	TROPSKI
OBLAK	VJETAR

50 - Châteaux

```
B F E U D A L N I I G Y E Z
K R A L J E V S T V O B Đ I
I Z P L E M E N I T I J T D
T V R Đ A V A O K Z U K J S
P V J Y N M M O R O K L O P
N Z G V Z M A J U Đ N M L Z
P R I N C J Č Z N E Đ J D P
Š T I T C M E O A V I T E Z
L P A L A Č A D E B V L B T
Đ M V K R P R I N C E Z A O
D I N A S T I J A O Z O Y R
S R K A T A P U L T R O M A
U M Z Z V Đ Z O R Đ M O E N
N Đ P T O Y T L Y R A Z G J
```

OKLOP	FEUDALNI
ŠTIT	TVRĐAVA
KATAPULT	JEDNOROG
KONJ	ZID
VITEZ	PLEMENITI
KRUNA	PALAČA
ZMAJ	PRINC
DINASTIJA	PRINCEZA
CARSTVO	KRALJEVSTVO
MAČ	TORANJ

51 - Randonnée

```
S D D E H J F I K L I M A C
U P R I P R E M A T E Š K A
N J J K V O D A R G R A J P
C G I V R L Z H T N Z E A R
E K A M E N J E A P O E Z I
E B F K A M P I R A N J E R
U M O R N I S W S M I H P O
D M D Ž I V O T I N J E A D
L I T I C A O Č I Z M E R A
V R I J E M E D W O A S K Đ
P L A N I N A F I Z F B O I
P Đ K O D W Y U T Č R D V I
W Đ O P A S N O S T I M I M
J Z O R I J E N T A C I J A
```

ŽIVOTINJE
ČIZME
KAMPIRANJE
KARTA
KLIMA
OPASNOSTI
VODA
LITICA
UMORNI
VODIČI

TEŠKA
VRIJEME
PLANINA
PRIRODA
ORIJENTACIJA
PARKOVI
KAMENJE
PRIPREMA
DIVLJI
SUNCE

52 - Art

```
J  R  A  S  P  O  L  O  Ž  E  N  J  E  A
E  N  V  B  I  K  O  M  P  L  E  K  S  C
D  A  I  R  T  M  P  R  E  D  M  E  T  Z
N  D  D  C  M  R  B  O  P  R  O  F  Z  K
O  R  N  D  F  V  P  O  E  Z  I  J  A  N
S  E  I  F  P  S  K  U  L  P  T  U  R  A
T  A  S  M  O  V  N  S  O  I  I  I  J  D
A  L  S  L  T  J  E  S  Z  U  H  G  A
V  I  F  T  I  P  F  V  Z  V  O  K  B  H
A  Z  U  B  A  K  Y  O  S  O  B  N  I  N
N  A  E  V  Y  V  E  R  C  R  T  C  L  U
D  M  I  Z  R  A  Z  I  U  N  D  O  D  T
I  S  K  R  E  N  V  T  C  I  L  Z  C  S
U  Đ  K  E  R  A  M  I  Č  K  I  T  E  Đ
```

KERAMIČKI	SLIKE
KOMPLEKS	OSOBNI
SASTAV	POEZIJA
STVORITI	SKULPTURA
IZRAZ	JEDNOSTAVAN
ISKREN	PREDMET
RASPOLOŽENJE	NADREALIZAM
NADAHNUT	SIMBOL
IZVORNIK	VIDNI

53 - Nutrition

```
T  T  R  M  P  U  D  J  A  H  A  R  C  Z
E  E  G  H  D  R  C  W  I  R  P  T  N  D
Ž  I  K  O  I  Y  D  D  I  J  E  T  A  R
I  V  A  U  R  K  V  A  L  I  T  E  T  A
N  S  L  M  Ć  A  J  E  S  T  I  V  O  V
A  A  O  A  L  I  K  J  I  E  T  C  J  L
O  S  R  K  D  Y  N  Z  A  Č  I  N  I  J
K  T  I  P  R  O  T  E  I  N  I  U  L  E
Z  O  J  U  R  A  V  N  O  T  E  Ž  E  N
D  J  E  R  H  J  R  P  R  O  B  A  V  A
R  C  V  R  E  N  J  E  B  K  K  O  U  C
A  I  F  F  O  D  U  N  T  S  H  U  F  O
V  I  T  A  M  I  N  W  R  I  D  V  S  N
V  S  E  Y  W  G  V  D  M  N  K  P  Z  L
```

GORAK
APETIT
KALORIJE
JESTIVO
DIJETA
PROBAVA
ZAČINI
URAVNOTEŽEN
VRENJE
SASTOJCI

TEKUĆINE
TEŽINA
PROTEINI
KVALITETA
ZDRAV
ZDRAVLJE
UMAK
OKUS
TOKSIN
VITAMIN

54 - Science Fiction

```
R  I  B  C  K  R  A  J  N  O  S  T  Y  K
C  O  V  P  I  L  U  Z  I  J  A  L  W  T
K  E  B  R  N  G  A  L  A  K  S  I  J  A
N  K  P  O  O  O  S  F  T  Z  R  S  S  J
J  S  L  R  T  T  N  A  E  A  Y  V  C  A
I  P  A  O  E  I  Đ  N  H  M  A  I  E  N
G  L  N  Č  R  W  N  T  N  I  T  J  N  S
E  O  E  I  N  P  R  A  O  Š  O  E  A  T
Y  Z  T  Š  G  A  E  S  L  L  M  T  R  V
B  I  A  T  P  O  A  T  O  J  S  M  I  E
S  J  P  E  E  L  L  I  G  E  K  Đ  J  N
V  A  K  Y  F  V  N  Č  I  N  I  G  J  I
G  V  A  T  R  A  O  A  J  J  L  K  O  K
U  T  O  P  I  J  A  N  A  Y  V  D  F  Y
```

ATOMSKI	SVIJET
KINO	TAJANSTVENI
EKSPLOZIJA	PROROČIŠTE
KRAJNOST	PLANETA
FANTASTIČAN	REALNO
VATRA	ROBOTI
GALAKSIJA	SCENARIJ
ILUZIJA	TEHNOLOGIJA
ZAMIŠLJEN	UTOPIJA
KNJIGE	

55 - Vertus #1

```
Đ  W  I  K  M  P  E  B  Z  O  A  G  K  N
U  Y  D  M  Š  R  F  E  N  D  I  H  O  S
A  F  W  P  A  A  I  H  A  L  V  N  R  M
M  U  D  A  R  K  K  V  T  U  M  E  I  I
K  U  B  C  M  T  A  E  I  Č  Z  Z  S  J
S  D  T  I  A  I  S  L  Ž  N  F  A  T  E
B  O  F  J  N  Č  A  I  E  O  Č  V  A  Š
S  E  J  E  T  A  N  K  L  S  P  I  N  N
M  T  Z  N  A  N  U  O  J  K  O  S  S  O
D  H  R  T  N  Z  E  D  A  R  U  N  S  T
D  O  B  A  R  Y  R  U  N  O  Z  A  J  F
K  Z  G  U  S  S  Z  Š  I  M  D  N  B  C
M  B  L  O  M  A  B  A  E  A  A  O  F  Y
U  V  J  E  R  E  N  N  H  N  N  A  U  T
```

DOBAR	NEZAVISNA
ŠARMANTAN	SKROMAN
UVJEREN	STRASAN
ZNATIŽELJAN	PACIJENT
ODLUČNO	PRAKTIČAN
SMIJEŠNO	ČIST
EFIKASAN	MUDAR
POUZDAN	KORISTAN
VELIKODUŠAN	

56 - Professions #1

```
A E E D A U O W P J Z W N O
M I T B I S G L S H L P P D
B G K F A J T U I P A L L V
A B A N K A R R H Z T O I J
S T R E N E R E O K A V J E
A U T C S D Đ D L N R A E T
D M O T M J M N O D O C Č N
O J G E Đ G I I G O Z M N I
R E R Đ L E V K E L L O I K
D T A M O O P V S Đ W R K A
T N F Đ P L E S A Č I C A F
P I G U K O P I J A N I S T
I K H G N G L A Z B E N I K
V A T R O G A S A C J I D D
```

AMBASADOR	TRENER
UMJETNIK	UREDNIK
ASTRONOM	GEOLOG
ODVJETNIK	LIJEČNIK
BANKAR	GLAZBENIK
ZLATAR	PIJANIST
KARTOGRAF	VATROGASAC
LOVAC	PSIHOLOG
PLESAČICA	

57 - Géologie

```
K O R A L J A V U Đ U T V S
Y H S R A S T O P L J E N L
J V M K A L C I J L S R P O
K O N T I N E N T A I O F J
A R S M H H B N J V E G L E
M I I N G G J P L A T O M R
E L L S T A L A K T I T I O
N T I G T W M Z A S Y O N Z
K V A R C A B P V Z A G E I
F O S I L V L I E O C Z R J
M L O G E J Z I R N H U A A
K I S E L I N A N A E W L S
P V Y W M N C Đ A G O O I U
N P L V U L K A N A H B A C
```

KISELINA
KALCIJ
KAVERNA
KONTINENT
KORALJA
SLOJ
KRISTALI
EROZIJA
RASTOPLJEN
FOSIL

GEJZIR
LAVA
MINERALI
KAMEN
PLATO
KVARC
SOL
STALAKTIT
VULKAN
ZONA

58 - Cirque

```
Z  Č  W  Z  T  K  Ž  M  A  G  I  J  A  Y
Ž  A  E  K  W  L  P  O  K  A  Z  A  T  I
I  R  B  M  N  A  S  A  N  T  I  G  A  R
V  O  H  A  P  U  L  G  R  G  E  G  I  C
O  B  D  N  V  N  O  Z  Đ  Š  L  L  P  J
T  N  W  U  O  L  N  N  J  A  E  E  J  O
I  J  Đ  H  L  Đ  J  P  E  T  I  D  R  B
N  A  P  A  R  A  D  A  M  O  L  A  V  A
J  K  B  K  B  M  Z  H  T  R  E  T  K  L
E  V  F  R  K  A  M  N  Z  I  A  E  O  O
O  U  V  O  F  J  E  D  I  N  D  L  S  N
L  S  I  B  Z  M  S  L  J  C  C  J  T  I
W  I  A  A  J  U  O  Đ  P  U  A  S  I  T
P  O  Z  T  D  N  G  L  A  Z  B  A  M  R
```

AKROBAT	ČAROBNJAK
ŽIVOTINJE	MAGIJA
BALONI	POKAZATI
ULAZNICA	GLAZBA
KLAUN	PARADA
KOSTIM	MAJMUN
ZABAVLJATI	GLEDATELJ
SLON	ŠATOR
ŽONGLER	TIGAR
LAV	

59 - Jardin

```
F  G  T  L  O  P  F  L  V  R  T  T  G  V
G  A  R  A  Ž  A  N  F  A  I  E  G  Y  D
Y  L  A  C  R  I  J  E  V  O  S  H  N  S
K  Đ  V  V  T  E  R  A  S  A  M  E  G  G
R  H  N  I  T  S  G  U  B  Đ  B  Y  Ć  R
I  S  J  J  N  B  V  N  N  T  Z  A  P  A
B  Đ  A  E  H  L  O  P  A  T  A  Đ  H  B
N  K  K  T  C  O  Ć  A  L  S  T  V  D  L
J  K  W  E  U  Z  N  O  Z  C  J  U  R  J
A  Y  O  P  F  A  J  U  J  G  T  B  V  E
K  O  G  R  A  D  A  S  U  I  R  Z  O  P
F  J  O  D  O  A  K  L  U  P  A  M  B  F
A  K  J  G  N  V  N  H  M  A  V  H  J  S
J  T  R  A  M  P  O  L  I  N  A  P  D  Y
```

DRVO	KOROV
KLUPA	LOPATA
GRM	TRAVNJAK
OGRADA	GRABLJE
RIBNJAK	TLO
CVIJET	TERASA
GARAŽA	TRAMPOLIN
VISEĆA	CRIJEVO
TRAVA	VOĆNJAK
VRT	LOZA

60 - Barbecues

```
L  M  R  S  P  A  P  A  R  J  O  E  C  S
J  R  A  L  R  D  J  E  C  A  B  T  R  U
E  Y  J  M  N  U  M  A  K  R  I  H  D  R
T  D  Č  Đ  L  P  Č  R  O  Š  T  I  L  J
O  A  I  A  S  I  F  A  Y  G  E  Z  I  V
O  G  C  J  A  L  T  N  K  E  L  D  A  C
V  Z  E  O  L  E  D  B  P  P  J  L  W  Z
R  E  O  O  A  T  S  O  L  O  V  O  Ć  E
U  H  Č  Z  T  I  I  G  R  E  V  A  J  B
Ć  W  V  E  E  N  O  Ž  E  V  I  R  M  O
E  L  U  K  R  A  G  L  A  D  Z  E  Ć  O
B  S  R  G  L  A  Z  B  A  C  H  M  Đ  E
I  F  U  H  U  D  R  N  A  G  R  Z  N  P
E  S  J  O  V  W  I  A  I  P  O  P  E  F
```

VRUĆE	IGRE
NOŽEVI	POVRĆE
RUČAK	GLAZBA
VEČERA	LUK
DJECA	PAPAR
LJETO	PILETINA
GLAD	SALATE
OBITELJ	UMAK
VOĆE	SOL
ROŠTILJ	RAJČICE

61 - Anniversaire

```
R B K A R T I C E I Z G K Z
P R O S L A V A R Đ G J R V
I K O V M R O Đ E N N O U F
K P R I J A T E L J I S P O
E R T J U D A R U R J C J D
U Y V E P O Z I V N I C E M
Z Č R Ć W S K S B Y P D S U
S Z I E E T G A O V J A M D
R A J T W A O U L F L N A R
E B E O I N D M M E Đ H M O
T A M R Đ V I L P M N N C S
A V E T N V N A Y W G D E T
N A V A G Z A D N R T Y A H
P O S E B A N I O Đ S J Đ R
```

PRIJATELJI	TORTA
ZABAVA	SRETAN
GODINA	POZIVNICE
UČITI	MLADI
SVIJEĆE	DAN
DAR	RADOSTAN
KALENDAR	ROĐEN
KARTICE	MUDROST
PJESMA	POSEBAN
PROSLAVA	VRIJEME

62 - Animaux de Compagnie

```
M  Z  O  M  G  Y  P  M  P  T  P  O  E  Đ
E  C  M  J  Y  V  N  M  A  Č  K  A  F  Z
Z  W  E  W  T  U  D  L  P  L  R  K  Đ  P
T  E  H  R  H  P  C  A  I  P  M  A  Č  E
O  V  R  A  T  N  I  K  G  A  L  N  H  S
I  R  Č  U  K  V  G  P  A  S  V  N  Z  B
H  R  A  N  A  O  T  U  K  A  N  D  Ž  E
L  E  K  Y  M  D  R  C  Š  T  E  N  E  M
F  P  Đ  L  K  A  D  N  B  T  U  C  R  I
K  R  A  V  A  O  Y  T  J  Z  E  C  K  Š
V  I  H  P  D  V  Z  E  C  A  B  R  T  A
V  B  U  D  Y  S  P  A  P  F  Č  B  H  P
H  A  V  E  T  E  R  I  N  A  R  A  I  E
V  B  T  J  O  P  K  R  Y  C  I  S  A  B
```

MAČKA	GUŠTER
MAČE	HRANA
KOZA	ŠAPE
PAS	PAPIGA
ŠTENE	RIBA
OVRATNIK	REP
VODA	MIŠ
KANDŽE	KORNJAČA
HRČAK	KRAVA
ZEC	VETERINAR

63 - Forêt Tropicale

```
O  Č  U  V  A  N  J  E  B  G  S  C  U  Đ
P  O  V  R  U  Y  D  S  O  B  L  A  C  I
O  B  O  S  T  Z  O  P  T  I  C  E  K  O
Š  N  D  T  O  A  S  F  A  Z  U  E  T  P
T  O  O  A  H  J  W  W  N  W  Z  G  Z  R
O  V  Z  V  T  E  V  S  I  S  A  V  C  I
V  A  E  R  O  D  B  W  Č  Đ  M  P  M  R
A  O  M  I  N  N  Ž  K  K  L  I  M  A  O
N  A  C  J  O  I  V  U  I  W  W  Y  H  D
J  E  I  E  U  C  N  K  N  A  R  T  O  A
E  T  D  D  J  A  T  C  T  G  I  F  V  E
E  H  K  A  N  E  E  I  Y  L  L  F  I  N
R  A  Z  N  O  L  I  K  O  S  T  A  N  W
U  T  O  Č  I  Š  T  E  K  S  Đ  A  A  K
```

VODOZEMCI	MAHOVINA
BOTANIČKI	PRIRODA
KLIMA	OBLACI
ZAJEDNICA	PTICE
RAZNOLIKOST	VRIJEDAN
VRSTA	OČUVANJE
AUTOHTONO	UTOČIŠTE
KUKCI	POŠTOVANJE
DŽUNGLA	OBNOVA
SISAVCI	

64 - Insectes

```
N  S  R  Y  Đ  L  C  R  V  B  B  J  K  U
K  V  D  B  U  B  A  M  H  U  O  G  O  U
H  R  O  I  G  D  F  R  V  H  G  N  M  F
Z  E  C  I  W  Z  E  A  V  A  O  T  A  M
U  T  C  R  Y  K  P  V  I  A  M  E  R  L
O  B  U  L  H  P  Č  U  L  B  O  R  A  I
S  T  R  Š  L  J  E  N  I  U  L  M  C  S
A  K  Ž  U  U  U  L  L  N  B  J  I  V  N
Z  W  A  O  R  H  A  E  K  A  K  T  R  E
C  R  D  K  H  M  N  P  O  M  A  A  Č  U
L  D  E  A  A  A  M  T  N  A  H  M  A  Š
D  M  K  E  Đ  V  R  I  J  R  R  J  K  I
N  L  C  T  C  H  A  R  I  A  J  W  Y  Z
I  V  E  W  D  W  I  C  C  U  D  P  R  P
```

PČELA	BOGOMOLJKA
ŽOHAR	KOMARAC
CVRČAK	LEPTIR
BUBAMARA	BUHA
MRAV	LISNE UŠI
STRŠLJEN	SKAKAVAC
OSA	BUBA
LARVA	TERMIT
VILIN KONJIC	CRV

65 - Ferme #1

```
H  Y  T  Đ  B  E  M  C  S  P  S  Đ  G  P
W  G  N  O  J  I  V  O  I  O  D  O  S  I
K  U  E  F  W  P  Z  G  J  L  R  P  Đ  L
O  M  E  D  C  G  Đ  O  E  J  T  E  L  E
N  P  A  L  R  J  J  K  N  O  L  H  B  T
J  T  Č  Č  I  U  K  R  O  P  J  E  V  I
J  F  G  E  K  W  O  A  G  R  M  N  J  N
K  A  A  A  L  A  Z  V  R  I  A  R  P  A
V  R  A  N  A  A  A  A  A  A  V  G  I  P  Đ
Z  D  H  E  J  T  O  O  D  R  A  Ž  O  G
U  R  P  H  R  K  I  T  A  E  R  A  L  I
I  A  A  K  V  Z  Đ  V  O  D  A  W  J  U
R  D  S  T  A  D  O  R  L  A  C  Đ  E  B
R  K  L  H  V  Z  G  F  F  N  O  L  F  O
```

PČELA

POLJOPRIVREDA

MAGARAC

BIZON

POLJE

MAČKA

KONJ

KOZA

PAS

OGRADA

VRANA

VODA

GNOJIVO

SIJENO

MED

PILETINA

RIŽA

STADO

KRAVA

TELE

66 - Escalade

```
T Z O Z N A T I Ž E L J A S
E R B S T A B I L N O S T N
R U U P J E Š A Č E N J E A
E K K G N K V K K K J F L G
N A A M H L F A T R Z I M A
V V O D I Č I T S U Z I T I
F I Z I Č K I M F G U L R G
I C S Č P W Z O Z L J E D A
Y E O I D J A S K A C I G A
K D H Z N E Z F Š P I L J A
U A T M G A O E G Y J U Đ W
F T R E O A V R R H F K W S
T C G T G L I A W D I J R Đ
C V Z V A S T R U Č N J A K
```

VISINA
ATMOSFERA
OZLJEDA
ČIZME
KARTA
KACIGA
ZNATIŽELJA
IZAZOVI
STRUČNJAK
SUZITI

SNAGA
OBUKA
RUKAVICE
ŠPILJA
VODIČI
FIZIČKI
PJEŠAČENJE
STABILNOST
TEREN

67 - École #2

```
Č  I  T  A  N  J  E  I  R  K  D  K  U  A
A  U  T  O  B  U  S  G  A  O  P  N  Č  T
P  N  P  P  G  I  Č  R  Č  U  D  J  I  P
P  A  P  I  R  C  S  E  U  N  E  I  T  O
N  C  U  S  A  Š  Y  R  N  F  J  Ž  E  B
A  L  L  A  M  K  W  Đ  A  J  F  E  L  R
G  O  A  N  A  A  A  U  L  I  E  V  J  A
O  R  C  J  T  R  K  L  O  Z  J  N  H  Z
C  L  F  E  I  E  S  K  E  R  U  O  F  O
R  J  O  P  K  U  D  Y  U  N  D  S  W  V
B  O  U  V  A  B  J  M  F  E  D  T  B  A
D  L  F  C  K  P  J  E  R  Y  T  A  F  N
D  O  M  A  Ć  A  Z  A  D  A  Ć  A  R  J
K  N  J  I  G  E  R  J  E  Č  N  I  K  E
```

UČENJE	OBRAZOVANJE
AUTOBUS	GRAMATIKA
KALENDAR	IGRE
ŠKARE	ČITANJE
OLOVKA	KNJIŽEVNOST
DOMAĆA ZADAĆA	KNJIGE
RJEČNIK	RAČUNALO
UČITELJ	PAPIR
PISANJE	

68 - Antarctique

```
E  I  O  T  O  C  I  J  J  A  F  A  I  M
A  K  L  E  D  E  N  J  A  C  I  D  L  I
Z  O  W  M  K  O  N  T  I  N  E  N  T  G
D  N  N  P  K  Đ  O  K  P  A  U  O  H  R
C  Z  I  E  Z  N  A  N  S  T  V  E  N  A
Z  E  S  R  A  N  K  N  W  R  I  F  M  C
O  R  T  A  L  E  D  I  U  I  L  C  U  I
K  V  R  T  J  F  K  I  T  Z  B  A  E  J
O  A  A  U  E  P  O  L  U  O  T  O  K  A
L  C  Ž  R  V  O  D  A  Z  E  V  E  K  T
I  I  I  A  G  E  O  G  R  A  F  I  J  A
Š  J  V  S  T  J  E  N  O  V  I  T  A  C
I  A  A  M  I  N  E  R  A  L  I  F  M  V
W  M  Č  E  K  S  P  E  D  I  C  I  J  A
```

ZALJEV	LEDENJACI
KITOVI	OTOCI
ISTRAŽIVAČ	MIGRACIJA
KONZERVACIJA	MINERALI
KONTINENT	PTICE
VODA	POLUOTOK
OKOLIŠ	STJENOVITA
EKSPEDICIJA	ZNANSTVEN
GEOGRAFIJA	TEMPERATURA
LED	

69 - Professions #2

```
F  I  S  T  R  A  Ž  I  V  A  Č  S  N  N
D  O  Y  A  F  I  L  O  Z  O  F  Y  W  O
E  V  T  L  I  J  E  Č  N  I  K  I  L  V
T  M  V  O  A  S  T  R  O  N  A  U  T  I
E  Z  Y  E  G  V  T  K  B  R  Z  G  B  N
K  C  Y  D  O  R  O  T  Z  I  D  F  R  A
T  I  G  J  A  T  A  R  O  Z  O  H  O  R
I  E  R  T  D  L  Y  F  O  U  C  L  U  U
V  F  Z  U  B  A  R  L  L  M  R  N  O  J
Y  I  A  B  R  R  L  J  O  I  P  G  S  G
B  F  Z  Đ  S  G  J  F  G  T  W  Đ  I  M
V  O  L  Y  Z  Z  I  N  Ž  E  N  J  E  R
P  I  L  O  T  Z  Z  T  S  L  I  K  A  R
U  Č  I  T  E  L  J  S  K  J  H  K  D  F
```

ASTRONAUT	VRTLAR
BIOLOG	NOVINAR
ISTRAŽIVAČ	LIJEČNIK
KIRURG	SLIKAR
ZUBAR	FILOZOF
DETEKTIV	FOTOGRAF
UČITELJ	PILOT
INŽENJER	ZOOLOG
IZUMITELJ	

70 - Les Abeilles

```
D H R A N A C O C S V Đ G R
M F O V Đ U P Y V N S P Y H
H L J O Y Z W A I C Z P P A
V R T Ć K P D C J V H Đ E W
I Z M E J K T O E I P U L M
W G J W U O U J Ć J R P U Z
B I L J E R U D E E M E D T
S S J B L I D I M T M Y A V
K R I L A S K O Š N I C A O
S U N C E N A W E A K L K S
B Z K E K O S U S T A V L A
N V R A Z N O L I K O S T K
R A P O C S T A N I Š T E J
K R A L J I C A O S Đ O E T
```

KRILA
KORISNO
VOSAK
RAZNOLIKOST
ROJ
EKOSUSTAV
CVIJET
CVIJEĆE
VOĆE
DIM

STANIŠTE
KUKAC
VRT
MED
HRANA
BILJE
PELUD
KRALJICA
KOŠNICA
SUNCE

71 - Dinosaures

```
R A K T I P C G M F Z Z Z P
H C A B N S J D K F O A I R
R O P G Z P L D B V M Č H A
L Z R R E P L I J E N A G P
U B W T M E S O Ž D E R M O
S E V O L U C I J A W A A V
V O S R J O G R O M A N Z I
E E F M A M U T Z R Y I M J
J V L B I L J O J E D I P E
E J R I U V E L I Č I N A S
D C Z S K S N A Ž A N U Đ N
D C Y N T I F O S I L I O I
Z N E S T A N A K R I L A K
N L E A J H H E W Z Y Z Y C
```

KRILA
MESOŽDER
NESTANAK
VRSTA
OGROMAN
EVOLUCIJA
FOSILI
VELIKI
BILJOJEDI
MAMUT

SVEJED
PRAPOVIJESNI
PLIJEN
SNAŽAN
REP
GMAZ
VELIČINA
ZEMLJA
ZAČARANI

72 - Conduite

```
Đ  Đ  D  H  G  B  C  W  Y  V  T  P  C  O
P  J  E  Š  A  K  R  G  U  J  U  O  E  P
G  A  R  A  Ž  A  V  Z  F  B  N  L  S  A
M  O  T  O  C  I  K  L  I  H  E  I  T  S
L  B  R  N  D  V  A  A  B  N  L  C  A  N
V  S  B  I  L  D  M  P  R  J  A  I  O  O
P  L  I  N  V  G  I  E  L  T  A  J  E  S
M  S  A  T  M  O  O  H  M  P  A  A  F  T
O  T  C  L  G  U  N  E  S  R  E  Ć  A  M
L  I  C  E  N  C  A  N  S  O  A  Đ  P  O
A  U  T  O  M  O  B  I  L  M  K  P  Z  T
P  O  K  N  L  P  R  I  J  E  V  O  Z  O
E  S  I  G  U  R  N  O  S  T  W  A  S  R
K  O  Č  N  I  C  E  C  V  V  N  E  L  R
```

NESREĆA	MOTOCIKL
KAMION	PJEŠAK
GORIVO	POLICIJA
KARTA	CESTA
OPASNOST	SIGURNOST
KOČNICE	PROMET
GARAŽA	PRIJEVOZ
PLIN	TUNEL
LICENCA	BRZINA
MOTOR	AUTOMOBIL

73 - Plantes

```
Đ  W  O  Z  O  G  N  O  J  I  V  O  B  K
R  N  Z  O  A  Z  R  K  O  R  I  J  E  N
B  A  M  B  U  S  H  M  A  F  O  A  Đ  I
R  L  T  U  W  U  K  B  D  F  D  B  J  O
B  B  W  F  L  O  R  A  O  B  S  M  N  F
H  R  D  Y  W  Z  G  S  L  B  N  Đ  Š  U
K  Š  R  L  L  P  R  A  S  T  I  S  U  K
T  L  V  A  B  S  A  H  C  E  U  C  M  A
E  J  O  T  M  A  H  O  V  I  N  A  A  K
J  A  L  I  Š  Ć  E  R  I  Z  V  R  T  T
L  N  N  C  U  U  N  Đ  J  E  P  W  U  U
B  O  T  A  N  I  K  A  E  N  S  R  G  S
P  J  T  R  A  V  A  M  T  B  I  C  D  K
V  V  V  E  G  E  T  A  C  I  J  A  I  A
```

DRVO	ŠUMA
BOBICA	RASTI
BAMBUS	GRAH
BOTANIKA	TRAVA
GRM	VRT
KAKTUS	BRŠLJAN
GNOJIVO	MAHOVINA
LIŠĆE	LATICA
CVIJET	KORIJEN
FLORA	VEGETACIJA

74 - Ferme #2

```
L N Đ E O L M A P M M S H Ž
A I A Đ J V E F J L R T I I
M W V V R K O Š N I C A F V
E J Z A O N L Ć I J I J G O
C R A E D D F K E E C A B T
D K Z H R A N A L K E J O I
T R A K T O R J E O Đ F V N
O M R I F W E P A T K A C J
J E Č A M I Y P O V R Ć E E
T J T D P Š E N I C A Đ I J
F I Y M J A N J E T I N A S
V P D V H P A S T I R P J P
M K U K U R U Z R E L O W E
V O Ć N J A K N W C B M U F
```

JANJETINA   POVRĆE

ŽIVOTINJE   KUKURUZ

PASTIR   OVCE

PŠENICA   ZRELO

PATKA   HRANA

VOĆE   JEČAM

STAJA   LIVADA

NAVODNJAVANJE   KOŠNICA

MLIJEKO   TRAKTOR

LAME   VOĆNJAK

75 - École #1

```
B U Č I O N I C A O Z P Đ E
W R K N J I Ž N I C A G B D
T K O L O V K A W M B B J P
G B U J A P A P I R A R Z R
M A P E E B O D G O V O R I
U Č I T I V E P S F A L I J
C P Z B Y M I C H C E O S A
G U Z A N Z E F E C R V P T
R U Č A K V I Z A D J K I E
R L G I S R F Y N T A E T L
D E M A T E M A T I K A I J
W J W L O E S T O L I C A I
E B Z P L D L N H N L S L E
N C K T L K N J I G E M P H
```

ABECEDA   MAPE
PRIJATELJI   UČITELJ
ZABAVA   ISPITI
UČITI   KNJIGE
KNJIŽNICA   MATEMATIKA
STOL   BROJEVI
STOLICA   PAPIR
OLOVKA   KVIZ
OLOVKE   ODGOVORI
RUČAK   UČIONICA

76 - Vacances #2

```
P L A Ž A S R N M J R H F L
U Z G P N I E E T O J O O O
T Y R T I K Z K S S R T T D
O V Z A N W E Y H T S E O M
V M K K Č J R M B R O L G O
N K A S E N V J Z A T R R R
I A M I G R A O Z N O I A H
C R P G P I C L R A K V F N
A T I W U C I O U C G L I Đ
N A R H E W J M B K W A J F
R K A A Đ A E T A T A K E W
J E N P R I J E V O Z D N O
Y O J O D R E D I Š T E R U
G U E Š A T O R V I Z A Y N
```

ZRAČNA LUKA	PLAŽA
KAMPIRANJE	RESTORAN
KARTA	REZERVACIJE
ODREDIŠTE	TAKSI
STRANAC	ŠATOR
HOTEL	VLAK
OTOK	PRIJEVOZ
MORE	ODMOR
PUTOVNICA	VIZA
FOTOGRAFIJE	

77 - Outils

```
B H K V I J A K B P T N V S
R J O L T G N I G M A L J P
I F T A A L O P A T A J M A
T T A D K M Ž Đ D A O E M J
V L Č A O K E T A H U S K A
A B F R G L B R U Ž E T Đ L
Š K U J J I H A I W P V J I
F K G H G J N E W C V E D C
B Đ A B Č E K I Ć L A S Z A
L A J R M Š L J E P I L O O
J T K W E T S J E K I R A R
A G Z L K A B E L G B G G K
D T C C J Đ G O R L O I M A
Z Y S U K A Đ A E Z J O E S
```

SPAJALICA	MALJ
KLAMERICA	ČEKIĆ
KABEL	LOPATA
ŠKARE	KLIJEŠTA
LJEPILO	BRITVA
UŽE	VLADAR
NOŽ	KOTAČ
LJESTVE	BAKLJA
SJEKIRA	VIJAK

78 - Temps

```
M  S  T  J  N  M  N  I  U  E  S  A  T  H
I  T  Z  W  U  O  O  W  S  Đ  A  D  L  A
N  O  I  G  V  Č  Ć  J  K  V  D  Z  I  K
U  L  P  R  I  J  E  O  O  Đ  A  U  E  G
T  J  D  O  T  R  R  R  R  W  K  I  N  T
A  E  L  M  O  U  K  G  O  D  I  N  A  J
J  Ć  F  B  H  Z  N  V  G  P  U  R  N  E
Y  E  Y  M  K  Y  J  A  M  P  A  V  T  D
M  J  E  S  E  C  D  I  K  E  O  E  F  A
K  A  L  E  N  D  A  R  E  O  Đ  D  A  N
J  U  T  R  O  W  A  C  V  P  N  D  N  F
M  F  K  A  D  E  S  E  T  L  J  E  Ć  E
G  O  D  I  Š  N  J  I  M  D  A  N  A  S
B  U  D  U  Ć  N  O  S  T  A  S  E  F  N
```

GODINA	JUČER
GODIŠNJI	DAN
NAKON	SADA
DANAS	JUTRO
PRIJE	PODNE
USKORO	MINUTA
KALENDAR	MJESEC
DESETLJEĆE	NOĆ
BUDUĆNOST	TJEDAN
SAT	STOLJEĆE

79 - Maison

```
W P U P K K R O V Y V L M S
N V Z O T M U T B L O K S O
G G Y T U E T H W L T C V B
V A W Š T P E I Z W O J A
R R S R R L R I Z N J U E K
A A T O J A O G H I J K T N
T Ž R V S G Z P A Z B A I J
A A O L M K O G R A D A L I
E H P J Đ D R Đ B V K S J Ž
M G P E Z K T C B J A C K N
B O O T I P K E S E M W A I
O G L E D A L O E S I Z W C
D W J V Z A G K R E N N K A
M T G T A Z I P C R P E S B
```

METLA

POTKROVLJE

KNJIŽNICA

VRT

SOBA

SVJETILJKA

KAMIN

OGLEDALO

TIPKE

ZID

OGRADA

STROP

KUHINJA

VRATA

TUŠ

ZAVJESE

PROZOR

TEPIH

GARAŽA

KROV

80 - Légumes

```
I  T  I  D  G  P  L  M  G  Đ  B  T  G  Y
Č  E  Š  N  J  A  K  U  E  U  F  R  O  S
P  H  C  O  G  T  H  K  K  M  R  K  V  A
V  B  E  Z  V  L  E  K  Z  B  J  M  Z  D
H  U  L  B  Y  I  J  Š  P  I  N  A  T  K
P  N  E  U  M  D  C  I  P  R  O  S  P  R
B  D  R  S  R  Ž  T  H  V  W  B  L  E  A
R  E  P  A  B  A  B  D  J  A  A  I  R  S
O  V  U  L  L  N  R  I  D  R  W  N  Š  T
K  A  M  A  R  T  I  Č  O  K  A  A  I  A
U  R  O  T  K  V  I  C  A  W  I  B  N  V
L  L  I  A  G  R  A  Š  A  K  U  R  U  A
A  L  U  K  K  O  Z  J  A  K  J  E  S  C
D  Đ  R  A  B  R  A  J  Č  I  C  A  H  F
```

ČEŠNJAK	ŠPINAT
ARTIČOKA	ĐUMBIR
PATLIDŽAN	REPA
BROKULA	LUK
MRKVA	MASLINA
CELER	PERŠIN
GLJIVA	GRAŠAK
BUNDEVA	ROTKVICA
KRASTAVAC	SALATA
LUK KOZJAK	RAJČICA

81 - Plage

```
O  M  M  Y  R  H  K  P  L  A  V  A  E  R
B  C  O  D  M  O  R  I  B  R  J  N  H  U
A  W  E  R  F  T  W  Š  Š  Z  J  S  I  Č
L  K  B  A  E  O  Đ  K  F  O  U  G  S  N
A  W  T  K  N  K  B  O  L  A  B  K  K  I
R  Đ  J  E  D  R  I  L  I  C  A  R  L  K
W  I  O  P  U  O  K  J  V  Č  A  M  A  C
S  A  N  D  A  L  E  K  O  D  B  G  G  N
H  K  J  L  P  I  J  E  S  A  K  R  U  Y
P  R  I  S  T  A  N  I  Š  T  E  E  N  P
M  F  T  S  U  N  C  E  V  P  L  B  A  M
P  L  I  V  A  T  I  I  Đ  P  A  E  C  R
V  U  E  H  Y  G  N  W  M  U  J  N  F  R
I  K  E  C  G  W  L  D  Z  M  S  Z  B  B
```

ČAMAC	OCEAN
PLAVA	KIŠOBRAN
ŠKOLJKE	GREBEN
OBALA	PIJESAK
RAK	SANDALE
PRISTANIŠTE	RUČNIK
OTOK	SUNCE
LAGUNA	ODMOR
MORE	JEDRILICA
PLIVATI	

82 - Famille

```
O  R  B  A  K  A  N  L  T  Y  V  M  U  B
Č  L  F  B  R  A  T  U  V  U  H  Đ  N  Y
I  K  Ć  I  O  M  A  J  Č  I  N  S  K  I
N  S  N  D  Đ  H  J  A  P  R  E  D  A  K
S  Z  D  J  A  O  B  K  G  V  Ć  J  B  S
K  U  I  F  K  J  Y  W  N  P  A  E  E  U
I  D  J  E  C  A  S  P  E  N  K  D  W  P
T  O  E  H  N  L  G  L  Ć  M  J  W  B  R
E  B  T  S  E  S  T  R  A  M  A  F  Y  U
T  T  E  A  E  Đ  P  W  K  U  J  J  I  G
K  H  R  B  C  I  O  Z  I  Ž  C  N  K  A
A  N  H  R  R  W  G  K  N  S  H  L  C  A
I  C  D  J  E  T  I  N  J  S  T  V  O  H
L  K  D  H  H  G  Y  K  A  B  J  K  V  L
```

PREDAK	MUŽ
ROĐAK	MAJČINSKI
DJETINJSTVO	MAJKA
DIJETE	NEĆAK
DJECA	NEĆAKINJA
SUPRUGA	UJAK
KĆI	OČINSKI
BRAT	OTAC
BAKA	SESTRA
DJED	TETKA

83 - Oiseaux

```
G  G  P  S  W  G  B  K  P  W  H  C  F  M
G  O  E  S  M  A  D  P  A  Z  J  I  L  C
F  R  L  D  P  L  W  V  U  R  O  D  A  S
T  A  I  U  I  E  W  R  N  O  J  S  M  M
V  O  K  U  B  B  Č  A  P  L  J  A  I  E
P  A  A  Z  V  H  K  B  I  K  A  T  N  T
S  Y  N  T  O  U  C  A  N  U  M  J  G  P
L  N  T  Z  G  Y  B  C  G  K  P  C  O  I
G  P  A  P  I  G  A  W  V  A  A  Z  C  L
L  U  D  Y  H  P  T  G  I  V  T  J  F  E
L  A  S  T  J  A  J  E  N  I  K  Đ  S  T
Đ  N  B  K  V  R  A  N  A  C  A  W  P  I
T  Z  L  U  A  P  P  G  H  A  B  W  C  N
B  Z  V  O  D  D  R  O  Đ  E  H  O  D  A
```

ORAO	VRABAC
NOJ	GALEB
PATKA	JAJE
RODA	GUSKA
VRANA	PAUN
KUKAVICA	PAPIGA
LABUD	PELIKAN
FLAMINGO	GOLUB
ČAPLJA	PILETINA
PINGVIN	TOUCAN

84 - Disciplines Scientifiques

```
M  I  N  G  M  B  F  S  O  F  T  C  N  T
I  M  J  K  E  I  D  O  U  O  Y  H  E  E
N  Y  A  R  H  O  U  C  I  G  I  W  U  R
E  P  O  U  A  L  L  I  G  P  R  M  R  M
R  I  M  U  N  O  L  O  G  I  J  A  O  O
A  K  T  B  I  G  B  L  G  Đ  F  T  L  D
L  E  A  U  K  I  M  O  U  I  L  H  O  I
O  M  M  H  A  J  Z  G  T  E  J  J  G  N
G  I  A  O  I  A  H  I  G  H  L  A  I  A
I  J  Y  O  M  A  Đ  J  J  J  Đ  I  J  M
J  A  Y  I  N  M  S  A  F  Y  O  K  A  I
A  N  A  T  O  M  I  J  A  Y  L  U  U  K
B  O  T  A  N  I  K  A  I  G  I  S  I  A
P  V  N  S  W  E  K  O  L  O  G  I  J  A
```

ANATOMIJA
BIOLOGIJA
BOTANIKA
KEMIJA
EKOLOGIJA
GEOLOGIJA

IMUNOLOGIJA
MEHANIKA
MINERALOGIJA
NEUROLOGIJA
SOCIOLOGIJA
TERMODINAMIKA

85 - Émotions

```
U  Đ  H  Z  S  O  G  C  J  V  P  M  Z  N
T  U  G  A  I  L  L  S  F  S  R  I  N  E
V  Đ  V  H  M  Z  J  A  T  Đ  M  R  E  U
N  Y  O  V  P  B  U  Z  K  R  Z  F  K  G
K  A  B  A  A  M  B  A  H  Š  A  O  D  O
S  S  C  L  T  C  A  D  L  F  A  H  B  D
Đ  A  O  A  I  O  V  O  K  Z  N  N  I  N
B  Z  D  N  J  A  C  V  D  E  K  J  J  O
E  K  O  R  A  B  W  O  O  L  K  E  E  E
I  U  I  S  Ž  F  K  L  S  M  J  Ž  S  V
M  I  R  A  N  A  B  J  A  C  A  N  S  V
R  A  D  O  S  T  J  A  D  N  J  O  N  Y
W  U  Z  B  U  Đ  E  N  A  B  M  S  N  W
I  Z  N  E  N  A  Đ  E  N  J  E  T  K  N
```

LJUBAV	STRAH
MIRAN	ZAHVALAN
BIJES	OLAKŠANJE
SADRŽAJ	ZADOVOLJAN
NEUGODNO	IZNENAĐENJE
DOSADA	SIMPATIJA
UZBUĐEN	NJEŽNOST
RADOST	TUGA
MIR	

86 - Géographie

```
P F Z J H D D B R K Z M K G
M O R E F F A V U H A E O B
H T D B W F G Z R Y P R N E
K Đ J R O P T S Y N A I T K
A R Y Y U Y I V P C D D I A
S O I R D Č P I D T U I N J
J Z Y J R L J J I K A J E A
C E V L E D W E M M G A N K
W M F H G K O T O K B N T C
P L A N I N A O C E A N T R
L J C S J Š I R I N A J U G
J A A M A T L A S J E V E R
H E M I S F E R A T R U F A
V I S I N A H Đ I R K A A D
```

VISINA	SVIJET
ATLAS	PLANINA
KARTA	SJEVER
KONTINENT	OCEAN
RIJEKA	ZAPAD
HEMISFERA	ZEMLJA
OTOK	REGIJA
ŠIRINA	JUG
MORE	PODRUČJE
MERIDIJAN	GRAD

87 - Danse

```
U  H  A  M  O  P  O  K  R  E  T  R  P  P
K  M  Đ  H  L  T  S  U  G  Z  D  I  P  R
K  O  J  U  I  B  N  L  M  U  W  T  Y  O
U  D  R  E  P  A  R  T  N  E  R  A  I  B
L  M  R  E  T  L  Y  U  P  A  C  M  G  A
T  I  B  Ž  O  N  R  R  T  I  J  E  L  O
U  L  P  A  A  G  O  A  C  E  D  M  A  R
R  O  K  R  N  N  R  S  K  O  K  N  Z  A
N  S  D  M  R  T  J  A  T  T  T  Y  B  D
I  T  V  I  D  N  I  E  F  L  V  O  A  O
E  M  O  C  I  J  A  R  M  I  J  K  K  S
H  Đ  Z  S  I  Z  R  A  Ž  A  J  A  N  T
K  L  A  S  I  Č  N  I  A  C  Y  A  K  A
T  R  A  D  I  C  I  O  N  A  L  A  N  N
```

UMJETNOST
KOREOGRAFIJA
KLASIČNI
TIJELO
KULTURA
KULTURNI
IZRAŽAJAN
EMOCIJA
MILOST
RADOSTAN

POKRET
GLAZBA
PARTNER
DRŽANJE
PROBA
RITAM
SKOK
TRADICIONALAN
VIDNI

88 - Bâtiments

```
D  S  T  A  D  I  O  N  R  S  Đ  U  S  Z
E  U  J  H  V  L  W  H  O  T  E  L  V  V
R  A  D  I  O  N  I  C  A  A  S  L  E  J
K  Š  G  A  R  A  Ž  A  O  N  W  A  U  E
U  I  K  B  A  P  R  D  C  B  U  B  Č  Z
G  V  N  O  C  Z  J  W  U  R  E  O  I  D
O  A  B  O  L  N  I  C  A  K  P  R  L  A
T  C  K  A  Z  A  L  I  Š  T  E  A  I  R
E  S  U  P  E  R  M  A  R  K  E  T  Š  N
I  T  V  O  S  E  M  E  O  V  M  O  T  I
Š  A  T  O  R  N  U  H  F  Z  C  R  E  C
W  J  H  A  V  Đ  Z  K  N  V  M  I  L  A
A  A  K  M  M  Đ  E  N  C  H  W  J  A  O
N  T  O  R  A  N  J  K  A  B  I  N  A  P
```

STAN	LABORATORIJ
RADIONICA	MUZEJ
KABINA	ZVJEZDARNICA
DVORAC	STADION
KINO	SUPERMARKET
ŠKOLA	ŠATOR
GARAŽA	KAZALIŠTE
STAJA	TORANJ
BOLNICA	SVEUČILIŠTE
HOTEL	

89 - Pêche

```
O P J Z S Č F L P I N G R I
B P K O Š A R A L L C Đ E E
M R R J Z M K U K A A B O M
B E M E V A O C E A N Ž M Đ
Z T A Z M C W I Y A N I A Y
K J M E Y A T E Ž I N A R Š
U E A R L F E I Z Z N J I K
H R C O L Y W C A Y N W J R
A I V O D A I A J Z A S E G
T V S T R P L J E N J E K E
I A W B Y H H N K Ž D Z A R
Đ N Č E L J U S T I P O G C
S J H A V A H A Đ C Y N V P
K E Z W W K Đ V F A N A Y D
```

MAMAC   RIJEKA
ČAMAC   JEZERO
ŠKRGE   ČELJUST
KUKA   OCEAN
KUHATI   KOŠARA
VODA   STRPLJENJE
PRETJERIVANJE   PLAŽA
OPREMA   TEŽINA
ŽICA   SEZONA

90 - Activités et Loisirs

```
G E B M D D J K V T S O R F
J I D P J V N A R U L P I U
R O L M Đ T Y M T L I U B D
H V C Y G K L P L P K Š A H
K O Š A R K A I A R A T R C
U P B Đ R M Y R R O V A S S
M L D I P A E A S N E N T S
J I U B J L O N T J N J V U
E V T E N I S J V E O E O R
T A J J R U W E O N G O L F
N N O Z S L J P K J O Y O A
O J N B Z H T T Y E M D M N
S E M O D B O J K A E M R J
T R K L B O K S S D T E K E
```

UMJETNOST	HOBIJI
BEJZBOL	SLIKA
KOŠARKA	RIBARSTVO
BOKS	RONJENJE
KAMPIRANJE	OPUŠTANJE
NOGOMET	SURFANJE
GOLF	TENIS
VRTLARSTVO	ODBOJKA
PLIVANJE	

91 - Livres

```
M I K G P O V I J E S N I C
C N Đ K O N T E K S T F A F
Y V B R E L E V A N T A N Đ
Z E L N Z I W H Đ Y I S S S
A N P R I P O V J E D A Č E
U T R V J W V E N B Č R D R
T I D U A L N O S T I U U I
O V L I J V Y R O E T Z H J
R N R A Đ Đ A W O W A U O A
L I T E R A R N I M Č F V Đ
T R A G I Č N O T E A V I E
P J E S M A H J Y U P N T M
U K P R I Č A Z B I R K A U
S T R A N I C A N F W A F N
```

AUTOR
AVANTURA
ZBIRKA
KONTEKST
DUALNOST
EP
PRIČA
POVIJESNI
DUHOVIT
INVENTIVNI

ČITAČ
LITERARNI
PRIPOVJEDAČ
STRANICA
RELEVANTAN
PJESMA
POEZIJA
ROMAN
SERIJA
TRAGIČNO

92 - Pays #2

```
W  B  Đ  J  S  P  B  I  U  C  U  J  R  S
O  H  A  J  U  A  I  R  G  Y  U  A  U  O
D  U  S  E  D  K  N  S  A  V  O  M  S  M
N  S  I  R  A  I  D  K  N  M  F  A  I  A
R  M  R  V  N  S  O  A  D  E  R  J  J  L
H  A  I  T  I  T  N  W  A  K  A  K  A  I
L  D  J  K  J  A  E  A  U  S  N  A  O  J
K  I  A  D  R  N  Z  K  K  I  C  K  O  A
V  W  B  N  Z  Z  I  J  R  K  U  I  V  B
T  G  Đ  H  A  S  C  J  L  A  O  S  N  Z  Y
E  E  O  W  N  K  A  H  J  P  K  A  W  Y
D  H  E  V  Z  O  A  E  I  E  A  R  U  A
K  E  N  I  J  A  N  Z  N  M  A  N  Đ  B
A  L  B  A  N  I  J  A  A  J  H  U  J  K
```

ALBANIJA	LAOS
KINA	LIBANON
DANSKA	MEKSIKO
FRANCUSKA	UGANDA
HAITI	PAKISTAN
INDONEZIJA	RUSIJA
IRSKA	SOMALIJA
JAMAJKA	SUDAN
JAPAN	SIRIJA
KENIJA	UKRAJINA

93 - Fournitures d'Art

```
K  L  U  Y  W  M  L  V  J  F  F  O  B  L
R  J  N  G  G  L  N  C  H  M  A  L  R  O
U  E  F  D  L  G  O  E  W  R  D  O  I  L
L  P  U  H  I  J  G  L  I  N  A  V  S  C
J  I  D  E  J  E  E  G  G  S  S  K  A  N
E  L  O  S  Y  S  F  N  J  O  V  E  Č  T
W  O  T  Đ  V  T  T  K  D  A  R  E  C  I
B  R  M  S  T  O  L  I  C  A  K  D  H  N
P  A  P  I  R  L  D  G  U  U  I  R  Đ  T
U  O  M  A  W  Đ  B  A  G  T  F  O  I  A
Y  V  P  T  L  C  E  L  Č  E  T  K  E  L
E  T  B  O  J  E  P  D  A  K  N  W  D  R
G  B  K  R  E  A  T  I  V  N  O  S  T  N
S  T  A  L  A  K  A  M  E  R  A  B  B  J
```

AKRIL	OLOVKE
GLINA	KREATIVNOST
ČETKE	VODA
KAMERA	TINTA
STOLICA	BRISAČ
UGLJEN	ULJE
STALAK	IDEJE
LJEPILO	PAPIR
BOJE	STOL

94 - Jouets

```
Y  U  P  J  U  H  Y  I  Z  M  B  O  J  E
Đ  L  F  B  V  V  Y  S  G  V  O  B  R  T
M  S  O  K  P  G  L  I  N  A  J  I  E  F
E  P  E  Y  L  V  S  A  G  S  I  N  Y  K
Z  F  A  R  U  J  Z  U  K  Č  C  M  N  N
R  O  B  O  T  B  M  T  G  A  E  Z  T  J
A  M  I  F  K  U  A  O  C  M  M  B  C  I
K  I  M  U  A  B  J  M  A  A  A  I  O  G
O  L  Š  R  Z  N  L  O  Z  C  Š  C  O  E
P  J  A  A  M  J  O  B  S  I  T  I  I  N
L  E  E  U  H  E  P  I  N  P  A  K  G  Z
O  N  S  T  O  V  T  L  W  Y  G  L  R  L
V  I  Z  C  W  I  A  A  R  D  K  P  E  Y
G  B  I  V  I  K  V  B  E  Y  M  Z  S  W
```

GLINA	MAŠTA
OBRT	IGRE
ZRAKOPLOV	KNJIGE
LOPTA	BOJE
ČAMAC	LUTKA
KAMION	ROBOT
ZMAJ	BUBNJEVI
BOJICE	VLAK
ŠAH	BICIKL
OMILJENI	AUTOMOBIL

95 - Eau

```
M M J O M O N S U N N I V M
P O E V T C M R A Z A S L U
E F Z N V E P A R A V P A U
K N E G C A K S O I O A Ž Đ
A A R W B N C H P H D R N J
B H O G E J Z I R G N A O L
N K R S K I Š A I Y J V S O
D O P N D C B H J Z A A T F
N F O I I W Đ V E N V N R N
S J P J F S O R K F A J O D
T M L E D V E A A L N E J K
U R A G A N A G Đ O J V J I
Š U V A L O V I I G E D F B
D D A P K A N A L I Y Z W O
```

KANAL	NAVODNJAVANJE
TUŠ	JEZERO
ISPARAVANJE	MONSUN
RIJEKA	SNIJEG
MRAZ	OCEAN
GEJZIR	URAGAN
LED	KIŠA
VLAŽNOST	VALOVI
POPLAVA	PARA

96 - Paysages

```
P A M M B M R I J E K A V P
U Š Ć E L O T O K K H G O O
S P I K P Č S U D B N S D L
T I S D M V I S N R O G O U
I L D P L A Ž A B D C C P O
N J E Z E R O V U O R R A T
J A G A T A O A Z A D A D O
A L E D E N A Đ Y M O R E K
B S J Z Đ L I B V U L K A N
S P Z M O C N D P E I G R K
B Đ I H P F U D Z C N K V T
W J R S I Đ B P T V A L Y C
P L A N I N A O P D D V H S
H L E D E N J A K G A P T F
```

VODOPAD
BRDO
PUSTINJA
UŠĆE
RIJEKA
GEJZIR
LEDENJAK
ŠPILJA
LEDENA
OTOK

JEZERO
MOČVARA
MORE
PLANINA
OAZA
POLUOTOK
PLAŽA
TUNDRA
DOLINA
VULKAN

97 - Nombres

```
Č Š O E Y O R L Z G S S G V
D E V E T F U T R I N U L A
E S T O S A M N A E S T S Š
C N C I A O T D M O C J C E
I A D N R S R V D E S E T S
M E S P N I E A V C E A M T
A S N Y U W O D A O D P M Z
L T D V A N A E S T A E Z A
A R C L Y F E S R M M T P U
K Č E T R N A E S T U N Z H
G S K I I R O T K H U A C J
S E D A M N A E S T U E B W
U A M P E T R I N A E S T G
D E V E T N A E S T C T A A
```

PET	ČETRNAEST
DVA	ČETIRI
DECIMALA	PETNAEST
DESET	ŠESNAEST
OSAMNAEST	SEDAM
DEVETNAEST	ŠEST
SEDAMNAEST	TRINAEST
DVANAEST	TRI
OSAM	DVADESET
DEVET	NULA

98 - Nature

```
O  B  L  A  C  I  Y  D  Đ  E  G  D  U  Y
A  L  Z  M  A  Ž  D  E  H  N  Y  I  A  L
L  D  I  N  A  M  I  Č  A  N  V  S  R  E
E  I  I  D  G  S  G  V  T  P  Đ  T  K  D
R  M  Š  Y  P  S  K  L  O  N  I  Š  T  E
O  A  U  Ć  Č  T  C  B  I  T  A  N  I  N
Z  G  M  R  E  M  I  R  N  O  I  K  K  J
I  L  A  A  L  Y  M  A  R  U  Y  N  J  A
J  A  S  P  E  P  Đ  Đ  Z  I  J  D  J  K
A  Đ  M  O  M  S  P  O  K  O  J  A  N  E
L  J  E  P  O  T  A  H  H  A  O  E  N  Y
T  R  O  P  S  K  I  B  P  K  Đ  G  K  G
J  G  G  E  S  V  E  T  I  Š  T  E  H  A
D  I  V  L  J  I  P  U  S  T  I  N  J  A
```

PČELE	RIJEKA
SKLONIŠTE	ŠUMA
ŽIVOTINJE	LEDENJAK
ARKTIK	OBLACI
LJEPOTA	MIRNO
MAGLA	SVETIŠTE
PUSTINJA	DIVLJI
DINAMIČAN	SPOKOJAN
EROZIJA	TROPSKI
LIŠĆE	BITAN

99 - Bateaux

```
P  M  P  V  Z  E  V  E  M  N  Y  J  P  C
L  O  O  R  S  I  D  R  O  O  T  U  O  C
U  C  M  T  K  F  D  I  A  N  R  Ž  S  N
T  E  C  O  O  U  V  J  Z  A  A  E  A  J
A  A  Z  B  R  R  O  E  S  E  J  T  D  J
Č  N  R  S  H  S  Đ  K  R  U  E  Z  A  E
A  Đ  A  H  P  P  K  A  N  U  K  M  S  D
J  R  O  U  J  L  A  I  Z  H  T  J  I  R
P  L  I  M  A  A  J  M  O  R  N  A  R  I
A  G  S  O  H  V  A  L  O  V  I  R  Z  L
D  I  S  Z  T  G  K  O  Đ  J  M  B  R  I
T  K  I  O  A  C  J  E  Z  E  R  O  S  C
S  V  K  R  H  R  B  A  J  U  E  L  J  A
P  T  U  A  B  I  Z  G  R  V  P  B  J  C
```

SIDRO	MORNAR
PLUTAČA	JARBOL
KANU	MORE
UŽE	MOTOR
POSADA	POMORSKI
TRAJEKT	OCEAN
RIJEKA	SPLAV
KAJAK	VALOVI
JEZERO	JEDRILICA
PLIMA	JAHTA

100 - Mesures

```
S  N  U  I  C  P  Z  Đ  T  D  M  V  Đ  U
E  B  C  J  O  E  P  B  O  G  G  I  W  G
M  I  N  U  T  A  N  S  N  R  I  S  R  I
U  K  L  G  S  J  M  T  A  A  N  I  D  D
B  I  I  I  O  A  L  U  I  M  Č  N  E  U
O  U  E  L  T  N  I  P  D  M  W  A  C  B
M  A  S  A  O  R  B  A  J  T  E  V  I  I
M  E  T  A  R  G  A  N  W  E  E  T  M  N
D  U  Ž  I  N  A  R  J  U  Z  P  E  A  A
T  E  Ž  I  N  A  E  A  U  N  C  A  L  R
A  Š  I  R  I  N  A  V  M  K  F  O  A  N
C  K  A  E  V  O  L  U  M  E  N  T  O  B
T  V  G  Z  W  O  K  Y  A  O  Đ  F  U  D
W  G  Y  Đ  K  I  L  O  M  E  T  A  R  Đ
```

CENTIMETAR	MASA
STUPANJ	METAR
DECIMALA	MINUTA
GRAM	BAJT
VISINA	UNCA
KILOGRAM	TEŽINA
KILOMETAR	INČ
ŠIRINA	DUBINA
LITRA	TONA
DUŽINA	VOLUMEN

1 - Été

2 - Adjectifs #2

3 - Exploration

4 - Formes

5 - Adjectifs #1

6 - Instruments de Musique

7 - Échecs

8 - Herboristerie

9 - Véhicules

10 - Camping

11 - Conservation

12 - Écologie

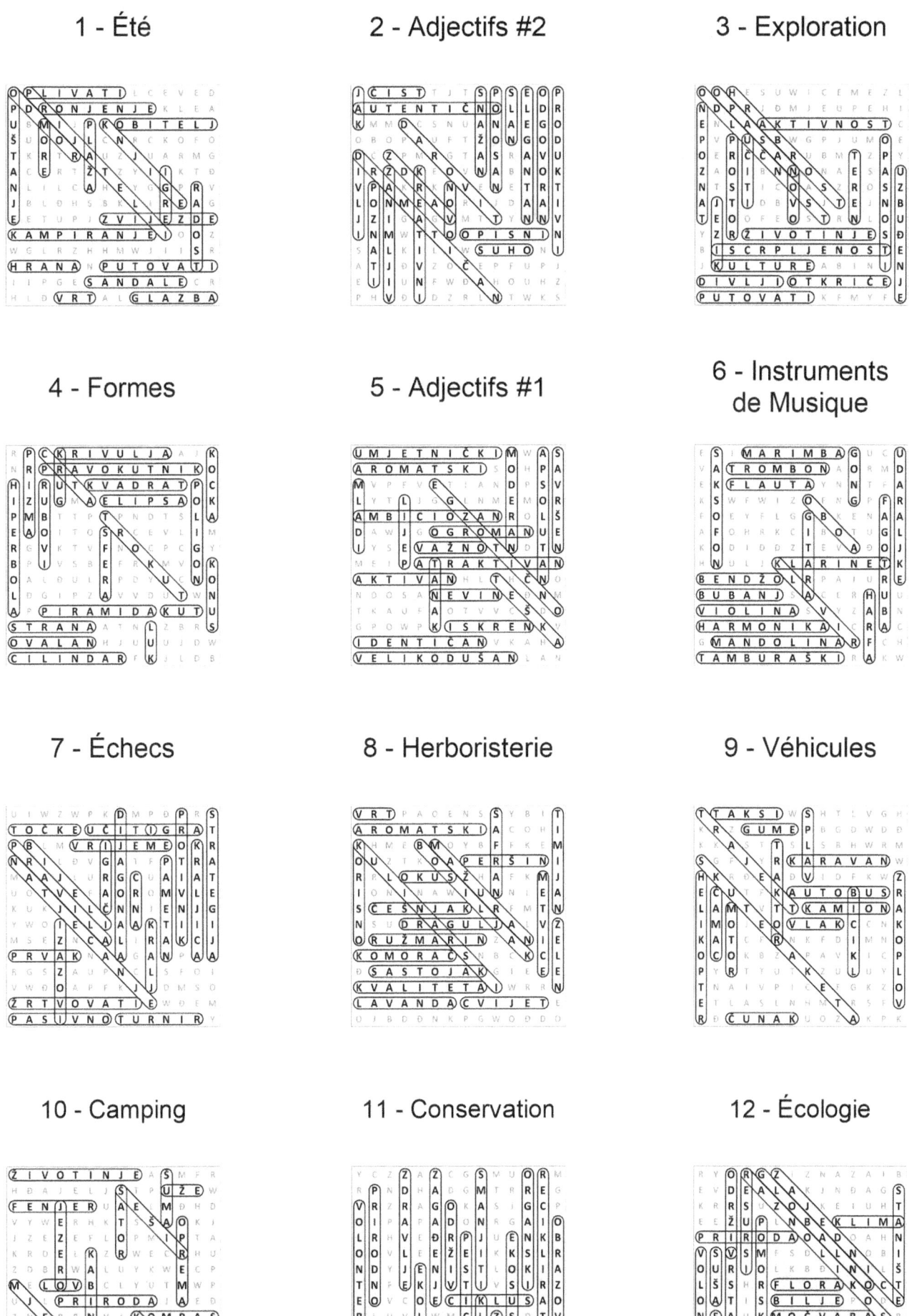

13 - Astronomie

14 - Types de Cheveux

15 - Restaurant #1

16 - Mammifères

17 - Sports

18 - Chocolat

19 - Mathématiques

20 - Mythologie

21 - Restaurant #2

22 - Couleurs

23 - Avions

24 - Aventure

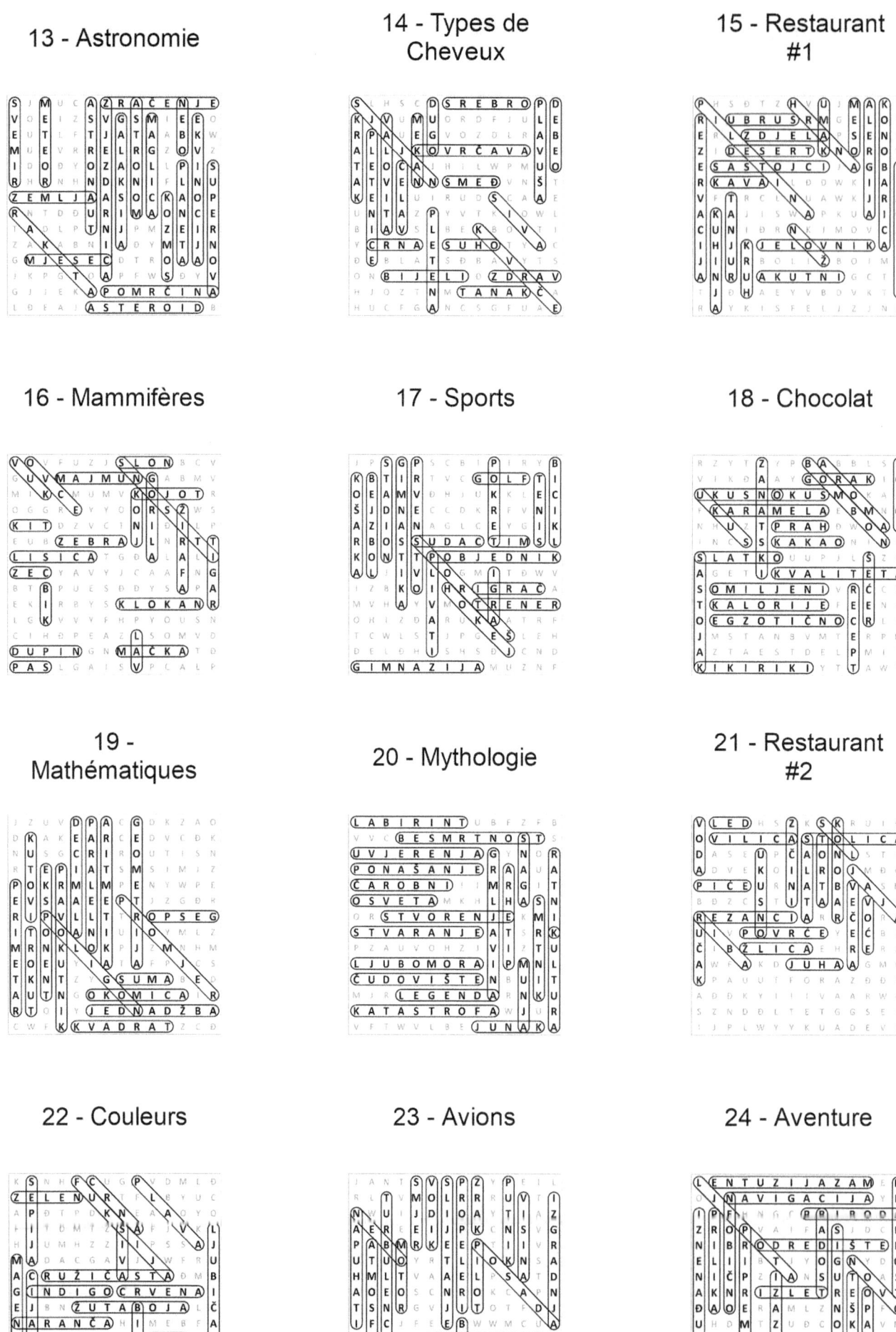

25 - Ville

26 - Cuisine

27 - Corps Humain

28 - Épices

29 - Science

30 - Chats

31 - Vêtements

32 - Arts Visuels

33 - Méditation

34 - Littérature

35 - Nourriture #1

36 - Jours et Mois

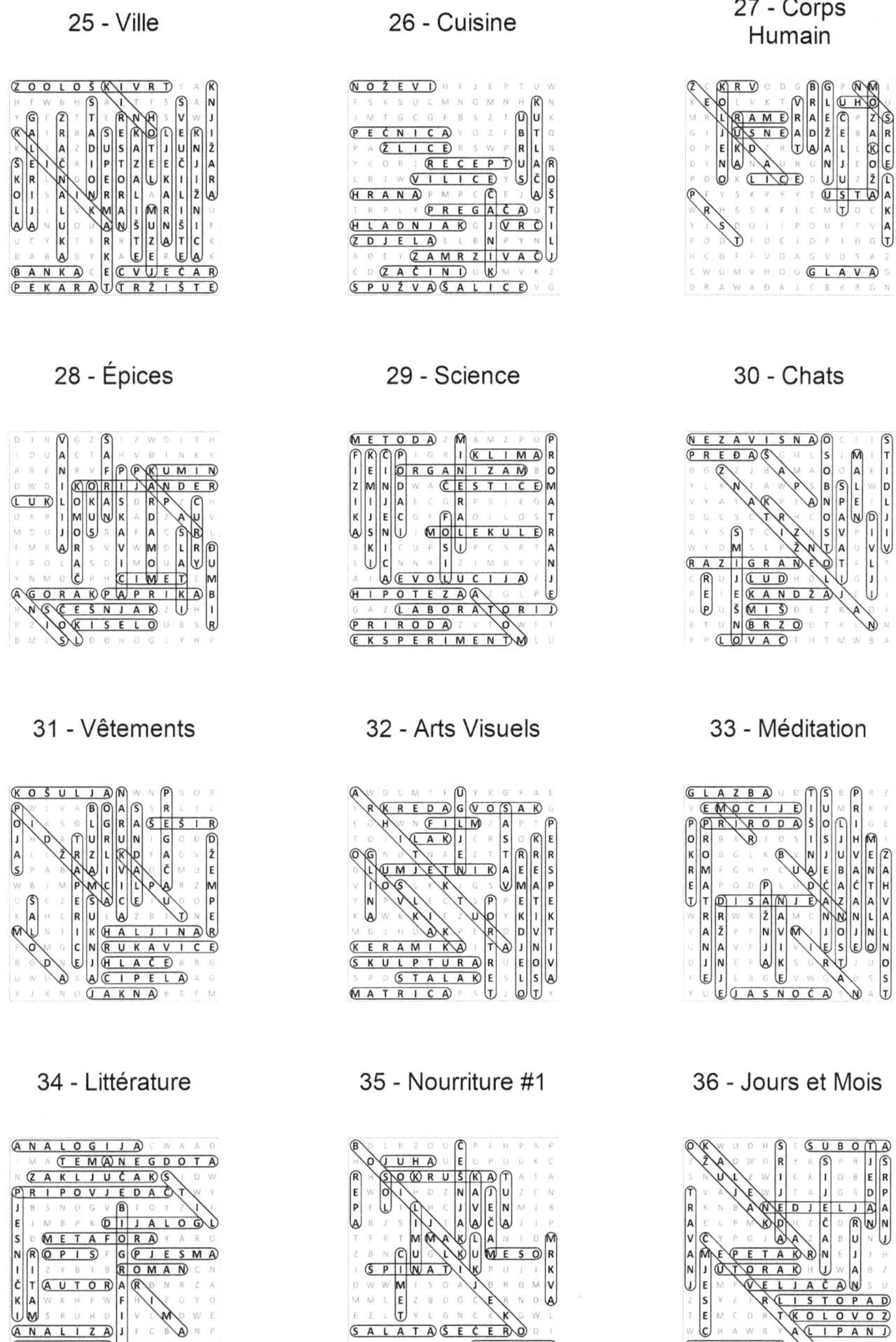

37 - Championnat

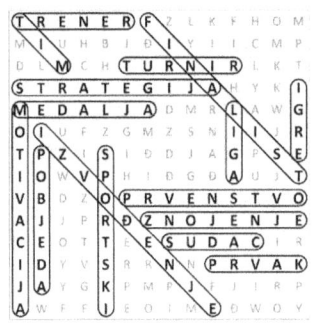

38 - Pirates

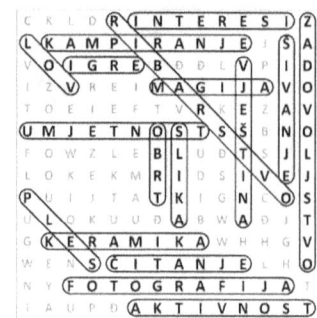

39 - Activités

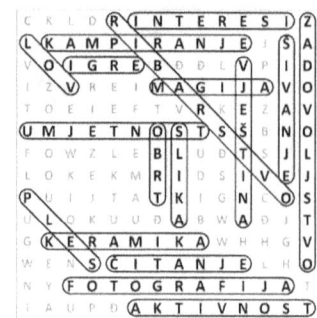

40 - Fleurs

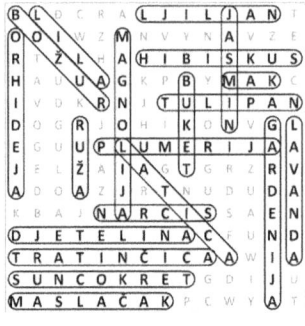

41 - Nourriture #2

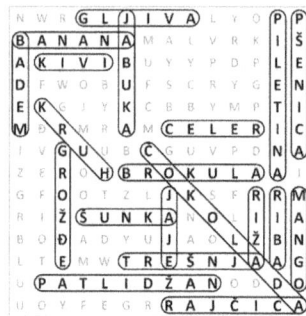

42 - Océan

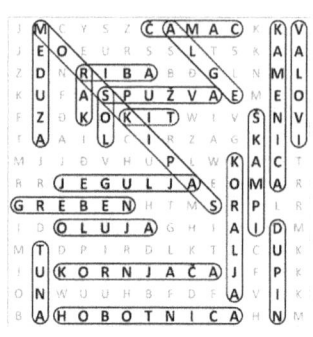

43 - Remplir

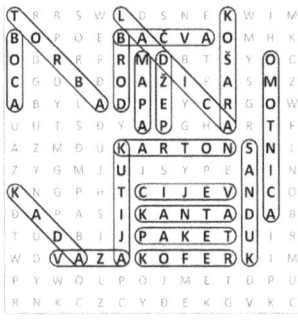

44 - Ballet

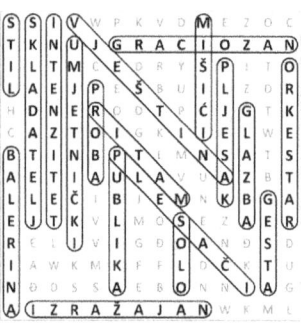

45 - Fruit

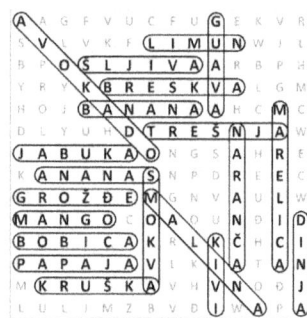

46 - Surf

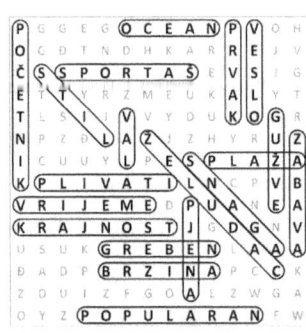

47 - Technologie

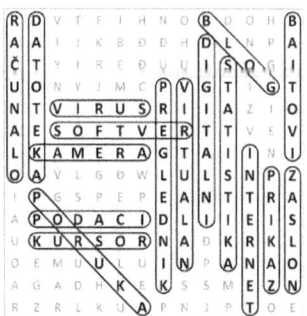

48 - Comédie

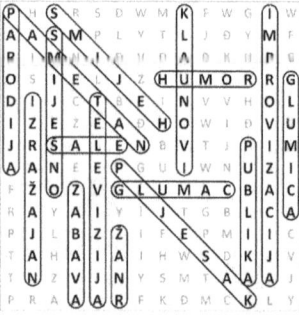

49 - Météo

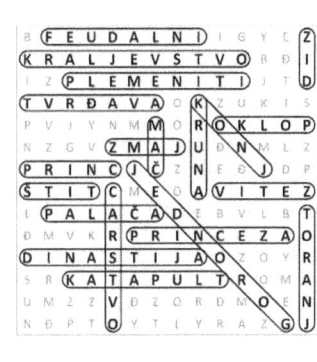

50 - Châteaux

51 - Randonnée

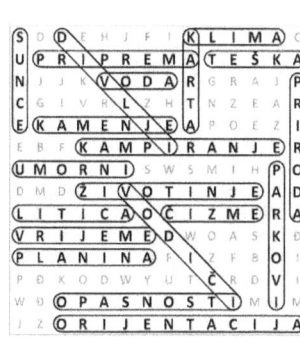

52 - Art

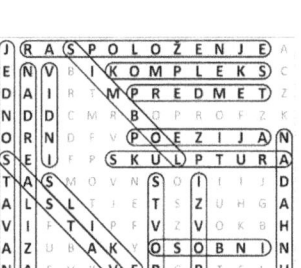

53 - Nutrition

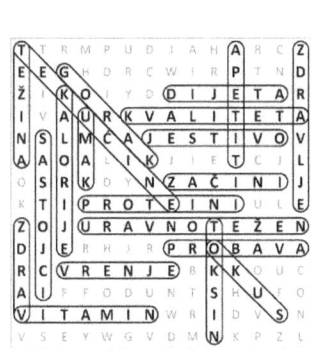

54 - Science Fiction

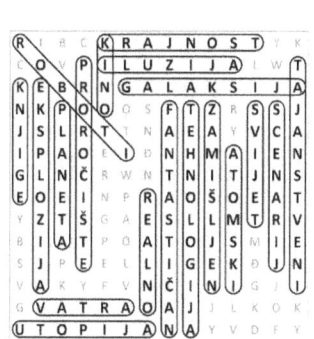

55 - Vertus #1

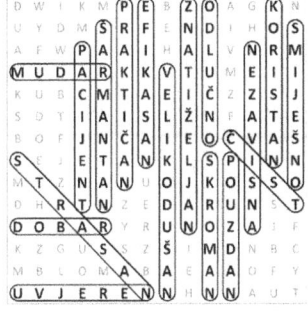

56 - Professions #1

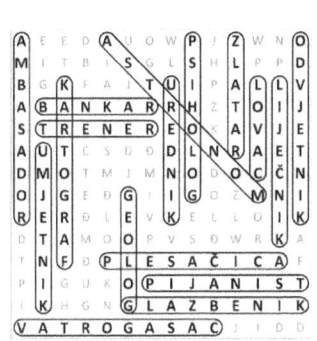

57 - Géologie

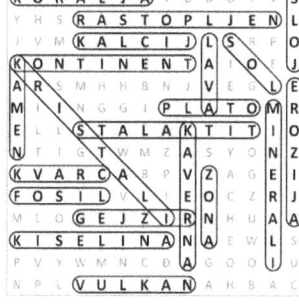

58 - Cirque

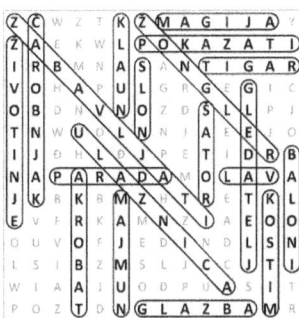

59 - Jardin

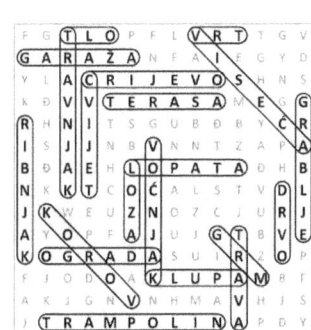

60 - Barbecues

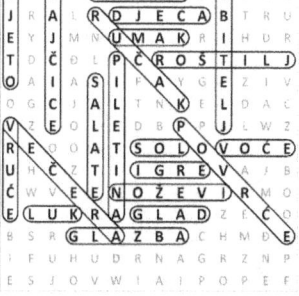

61 - Anniversaire

62 - Animaux de Compagnie

63 - Forêt Tropicale

64 - Insectes

65 - Ferme #1

66 - Escalade

67 - École #2

68 - Antarctique

69 - Professions #2

70 - Les Abeilles

71 - Dinosaures

72 - Conduite

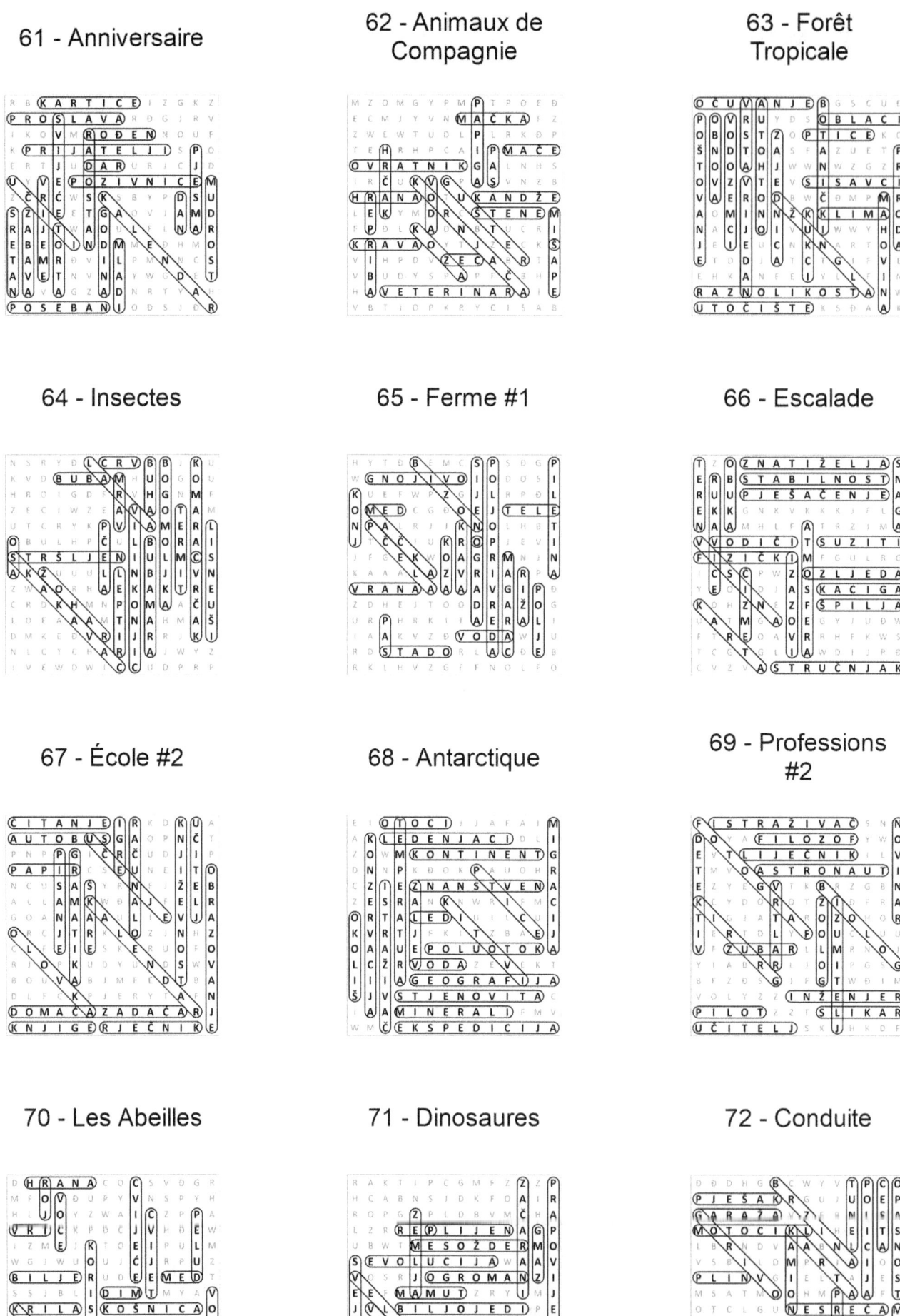

73 - Plantes

74 - Ferme #2

75 - École #1

76 - Vacances #2

77 - Outils

78 - Temps

79 - Maison

80 - Légumes

81 - Plage

82 - Famille

83 - Oiseaux

84 - Disciplines Scientifiques

85 - Émotions

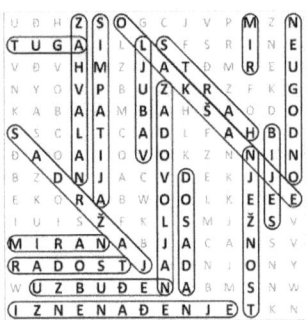

86 - Géographie

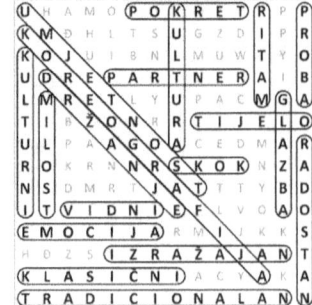

87 - Danse

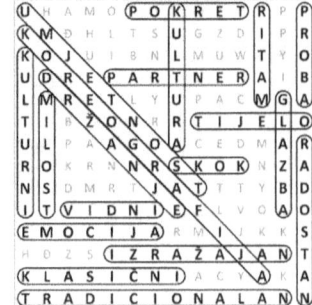

88 - Bâtiments

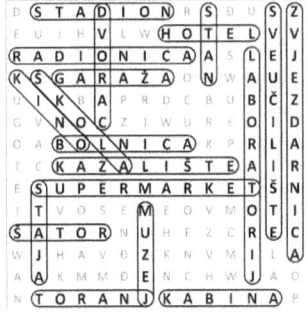

89 - Pêche

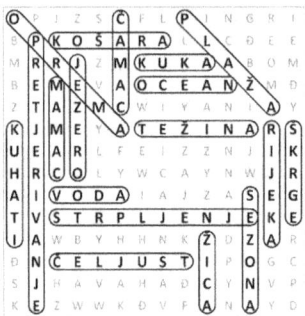

90 - Activités et Loisirs

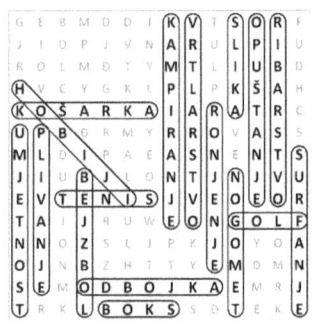

91 - Livres

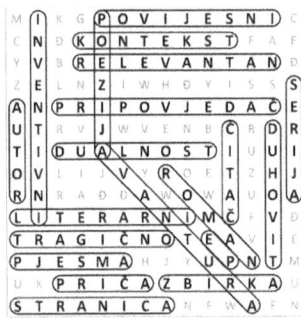

92 - Pays #2

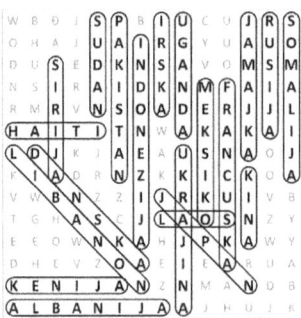

93 - Fournitures d'Art

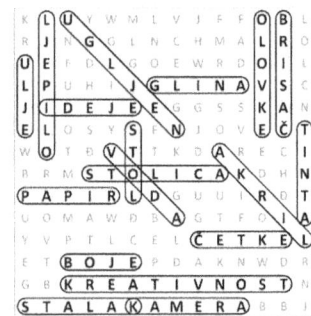

94 - Jouets

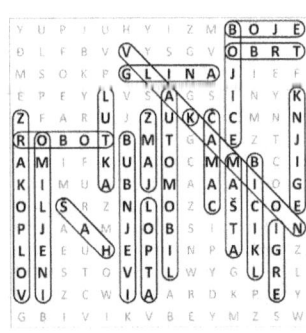

95 - Eau

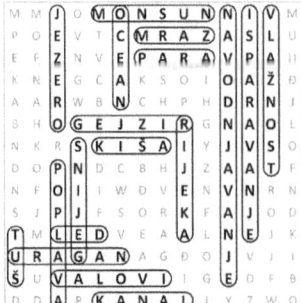

96 - Paysages

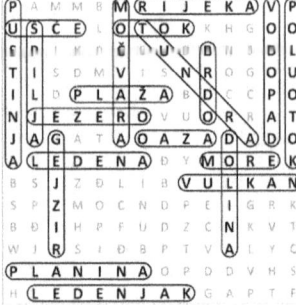

97 - Nombres

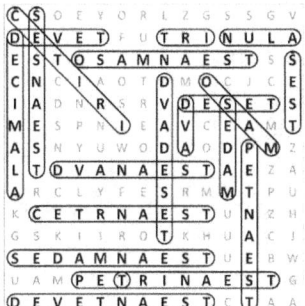

98 - Nature

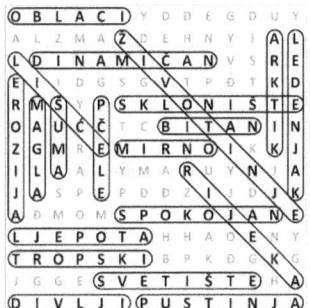

99 - Bateaux

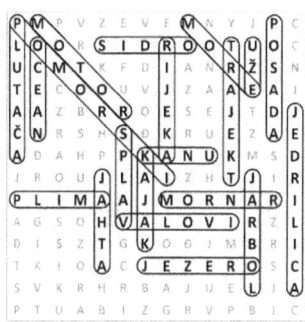

100 - Mesures

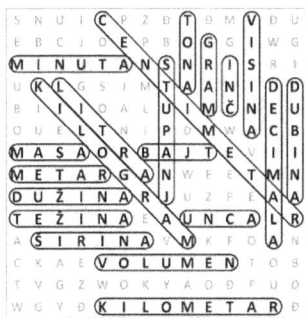

Dictionnaire

Activités
Aktivnosti

Activité	Aktivnost
Art	Umjetnost
Artisanat	Obrt
Camping	Kampiranje
Céramique	Keramika
Chasse	Lov
Compétence	Vještina
Couture	Šivanje
Danse	Ples
Intérêts	Interesi
Jardinage	Vrtlarstvo
Jeux	Igre
Lecture	Čitanje
Magie	Magija
Peinture	Slika
Pêche	Ribarstvo
Photographie	Fotografija
Plaisir	Zadovoljstvo
Randonnée	Pješačenje
Relaxation	Opuštanje

Activités et Loisirs
Zabava i Slobodno Vrijeme

Art	Umjetnost
Base-Ball	Bejzbol
Basket-Ball	Košarka
Boxe	Boks
Camping	Kampiranje
Football	Nogomet
Golf	Golf
Jardinage	Vrtlarstvo
Nager	Plivanje
Passe-Temps	Hobiji
Peinture	Slika
Pêche	Ribarstvo
Plongée	Ronjenje
Randonnée	Pješačenje
Relaxant	Opuštanje
Surf	Surfanje
Tennis	Tenis
Volley-Ball	Odbojka
Voyage	Putovati

Adjectifs #1
Pridjevi № 1

Absolu	Apsolutan
Actif	Aktivan
Ambitieux	Ambiciozan
Aromatique	Aromatski
Artistique	Umjetnički
Attractif	Atraktivan
Beau	Lijep
Exotique	Egzotično
Énorme	Ogroman
Généreux	Velikodušan
Honnête	Iskren
Identique	Identičan
Important	Važno
Innocent	Nevin
Jeune	Mladi
Lent	Usporiti
Lourd	Teška
Mince	Tanak
Moderne	Moderan
Parfait	Savršen

Adjectifs #2
Pridjevi № 2

Authentique	Autentično
Célèbre	Poznati
Créatif	Kreativni
Descriptif	Opisni
Doué	Darovit
Dramatique	Dramatičan
Élégant	Elegantan
Fier	Ponosan
Fort	Jak
Intéressant	Zanimljiv
Naturel	Prirodno
Nouveau	Novo
Productif	Produktivni
Puissant	Snažan
Pur	Čist
Responsable	Odgovoran
Sain	Zdrav
Salé	Slan
Sauvage	Divlji
Sec	Suho

Animaux de Compagnie
Kućni Ljubimci

Chat	Mačka
Chaton	Mače
Chèvre	Koza
Chien	Pas
Chiot	Štene
Collier	Ovratnik
Eau	Voda
Griffes	Kandže
Hamster	Hrčak
Lapin	Zec
Lézard	Gušter
Nourriture	Hrana
Pattes	Šape
Perroquet	Papiga
Poisson	Riba
Queue	Rep
Souris	Miš
Tortue	Kornjača
Vache	Krava
Vétérinaire	Veterinar

Anniversaire
Rođendan

Amis	Prijatelji
Amusement	Zabava
Année	Godina
Apprendre	Učiti
Bougies	Svijeće
Cadeau	Dar
Calendrier	Kalendar
Cartes	Kartice
Chanson	Pjesma
Fête	Proslava
Gâteau	Torta
Heureux	Sretan
Invitations	Pozivnice
Jeune	Mladi
Jour	Dan
Joyeux	Radostan
Né	Rođen
Sagesse	Mudrost
Spécial	Poseban
Temps	Vrijeme

Antarctique
Antarktika

Baie	Zaljev
Baleines	Kitovi
Chercheur	Istraživač
Conservation	Konzervacija
Continent	Kontinent
Eau	Voda
Environnement	Okoliš
Expédition	Ekspedicija
Géographie	Geografija
Glace	Led
Glaciers	Ledenjaci
Îles	Otoci
Migration	Migracija
Minéraux	Minerali
Oiseaux	Ptice
Péninsule	Poluotok
Rocheux	Stjenovita
Scientifique	Znanstven
Température	Temperatura
Topographie	Topografija

Art
Umjetnost

Céramique	Keramički
Complexe	Kompleks
Composition	Sastav
Créer	Stvoriti
Expression	Izraz
Honnête	Iskren
Humeur	Raspoloženje
Inspiré	Nadahnut
Original	Izvornik
Peintures	Slike
Personnel	Osobni
Poésie	Poezija
Sculpture	Skulptura
Simple	Jednostavan
Sujet	Predmet
Surréalisme	Nadrealizam
Symbole	Simbol
Visuel	Vidni

Arts Visuels
Vizualne Umjetnosti

Architecture	Arhitektura
Argile	Glina
Artiste	Umjetnik
Céramique	Keramika
Charbon	Ugljen
Chef-D'Œuvre	Remek-Djelo
Chevalet	Stalak
Cire	Vosak
Composition	Sastav
Craie	Kreda
Crayon	Olovka
Créativité	Kreativnost
Film	Film
Peinture	Slika
Perspective	Perspektiva
Pochoir	Matrica
Portrait	Portret
Sculpture	Skulptura
Vernis	Lak

Astronomie
Astronomija

Astéroïde	Asteroid
Astronaute	Astronaut
Astronome	Astronom
Ciel	Nebo
Constellation	Konstelacija
Cosmos	Kozmos
Éclipse	Pomrčina
Équinoxe	Ekvinocija
Fusée	Raketa
Galaxie	Galaksija
Lune	Mjesec
Météore	Meteor
Nébuleuse	Maglica
Observatoire	Zvjezdarnica
Planète	Planeta
Radiation	Zračenje
Solaire	Sunčano
Supernova	Supernova
Terre	Zemlja
Univers	Svemir

Aventure
Avantura

Activité	Aktivnost
Beauté	Ljepota
Bravoure	Hrabrost
Chance	Prilika
Dangereux	Opasno
Destination	Odredište
Défis	Izazovi
Difficulté	Teškoća
Enthousiasme	Entuzijazam
Excursion	Izlet
Inhabituel	Neobično
Itinéraire	Itinerar
Joie	Radost
Nature	Priroda
Navigation	Navigacija
Nouveau	Novo
Préparation	Priprema
Sécurité	Sigurnost
Surprenant	Iznenađujući
Voyages	Putovanja

Avions
Zrakoplovi

Air	Zrak
Atmosphère	Atmosfera
Atterrissage	Slijetanje
Aventure	Avantura
Ballon	Balon
Carburant	Gorivo
Ciel	Nebo
Construction	Izgradnja
Descente	Silazak
Direction	Smjer
Équipage	Posada
Gonfler	Napuhati
Hauteur	Visina
Hélices	Propeleri
Histoire	Povijest
Hydrogène	Vodik
Moteur	Motor
Passager	Putnik
Pilote	Pilot
Turbulence	Turbulencija

Ballet
Balet

Applaudissement	Pljesak
Artistique	Umjetnički
Ballerine	Balerina
Chorégraphie	Koreografija
Compétence	Vještina
Compositeur	Skladatelj
Danseurs	Plesači
Expressif	Izražajan
Geste	Gesta
Gracieux	Graciozan
Intensité	Intenzitet
Muscles	Mišići
Musique	Glazba
Orchestre	Orkestar
Public	Publika
Répétition	Proba
Rythme	Ritam
Solo	Solo
Style	Stil
Technique	Tehnika

Barbecues
Roštilji

Chaud	Vruće
Couteaux	Noževi
Déjeuner	Ručak
Dîner	Večera
Enfants	Djeca
Été	Ljeto
Faim	Glad
Famille	Obitelj
Fruit	Voće
Gril	Roštilj
Jeux	Igre
Légumes	Povrće
Musique	Glazba
Oignons	Luk
Poivre	Papar
Poulet	Piletina
Salades	Salate
Sauce	Umak
Sel	Sol
Tomates	Rajčice

Bateaux
Brodovi

Ancre	Sidro
Bouée	Plutača
Canoë	Kanu
Corde	Uže
Équipage	Posada
Ferry	Trajekt
Fleuve	Rijeka
Kayak	Kajak
Lac	Jezero
Marée	Plima
Marin	Mornar
Mât	Jarbol
Mer	More
Moteur	Motor
Nautique	Pomorski
Océan	Ocean
Radeau	Splav
Vagues	Valovi
Voilier	Jedrilica
Yacht	Jahta

Bâtiments
Građevine

Appartement	Stan
Atelier	Radionica
Cabine	Kabina
Château	Dvorac
Cinéma	Kino
École	Škola
Garage	Garaža
Grange	Staja
Hôpital	Bolnica
Hôtel	Hotel
Laboratoire	Laboratorij
Musée	Muzej
Observatoire	Zvjezdarnica
Stade	Stadion
Supermarché	Supermarket
Tente	Šator
Théâtre	Kazalište
Tour	Toranj
Université	Sveučilište
Usine	Tvornica

Camping
Kampiranje

Animaux	Životinje
Aventure	Avantura
Boussole	Kompas
Cabine	Kabina
Canoë	Kanu
Carte	Karta
Chapeau	Šešir
Chasse	Lov
Corde	Uže
Équipement	Oprema
Feu	Vatra
Forêt	Šuma
Hamac	Viseća
Insecte	Kukac
Lac	Jezero
Lanterne	Fenjer
Lune	Mjesec
Montagne	Planina
Nature	Priroda
Tente	Šator

Championnat
Prvenstvo

Champion	Prvak
Championnat	Prvenstvo
Endurance	Izdržljivost
Entraîneur	Trener
Équipe	Tim
Finaliste	Finalist
Jeux	Igre
Juge	Sudac
Ligue	Liga
Médaille	Medalja
Motivation	Motivacija
Performance	Izvođenje
Sports	Sportski
Stratégie	Strategija
Tournoi	Turnir
Transpiration	Znojenje
Victoire	Pobjeda

Chats
Mačke

Chasseur	Lovac
Curieux	Znatiželjan
Dormir	Spavati
Drôle	Smiješno
Espiègle	Razigran
Fil	Pređa
Fou	Lud
Fourrure	Krzno
Griffe	Kandža
Indépendant	Nezavisna
Patte	Šapa
Personnalité	Osobnost
Peu	Malen
Queue	Rep
Rapide	Brzo
Sauvage	Divlji
Souris	Miš
Timide	Stidljiv

Châteaux
Dvorci

Armure	Oklop
Bouclier	Štit
Catapulte	Katapult
Cheval	Konj
Chevalier	Vitez
Couronne	Kruna
Dragon	Zmaj
Dynastie	Dinastija
Empire	Carstvo
Épée	Mač
Féodal	Feudalni
Forteresse	Tvrđava
Licorne	Jednorog
Mur	Zid
Noble	Plemeniti
Palais	Palača
Prince	Princ
Princesse	Princeza
Royaume	Kraljevstvo
Tour	Toranj

Chocolat
Čokolada

Amer	Gorak
Arôme	Aroma
Artisanal	Zanatski
Bonbon	Bombon
Cacahuètes	Kikiriki
Cacao	Kakao
Calories	Kalorije
Caramel	Karamela
Délicieux	Ukusno
Doux	Slatko
Exotique	Egzotično
Favori	Omiljeni
Goût	Ukus
Ingrédient	Sastojak
Noix de Coco	Kokos
Poudre	Prah
Qualité	Kvaliteta
Recette	Recept
Saveur	Okus
Sucre	Šećer

Cirque
Cirkus

Acrobate	Akrobat
Animaux	Životinje
Ballons	Baloni
Billet	Ulaznica
Clown	Klaun
Costume	Kostim
Divertir	Zabavljati
Éléphant	Slon
Jongleur	Žongler
Lion	Lav
Magicien	Čarobnjak
Magie	Magija
Montrer	Pokazati
Musique	Glazba
Parade	Parada
Singe	Majmun
Spectaculaire	Spektakularan
Spectateur	Gledatelj
Tente	Šator
Tigre	Tigar

Comédie
Komedija

Acteur	Glumac
Actrice	Glumica
Amusement	Zabava
Applaudissement	Pljesak
Blagues	Šale
Clowns	Klaunovi
Drôle	Smiješno
Expressif	Izražajan
Genre	Žanr
Humour	Humor
Improvisation	Improvizacija
Intelligent	Pametan
Parodie	Parodija
Public	Publika
Rire	Smijeh
Télévision	Televizija
Théâtre	Kazalište

Conduite
Vožnja

Accident	Nesreća
Camion	Kamion
Carburant	Gorivo
Carte	Karta
Danger	Opasnost
Freins	Kočnice
Garage	Garaža
Gaz	Plin
Licence	Licenca
Moteur	Motor
Moto	Motocikl
Piéton	Pješak
Police	Policija
Route	Cesta
Sécurité	Sigurnost
Trafic	Promet
Transport	Prijevoz
Tunnel	Tunel
Vitesse	Brzina
Voiture	Automobil

Conservation
Konzervacija

Bénévole	Volonter
Climat	Klima
Cycle	Ciklus
Durable	Održiv
Eau	Voda
Environnemental	Ekološki
Écosystème	Ekosustav
Éducation	Obrazovanje
Habitat	Stanište
Naturel	Prirodno
Organique	Organski
Pesticide	Pesticid
Pollution	Zagađenje
Recycler	Reciklirati
Réduire	Smanjiti
Santé	Zdravlje
Vert	Zelen

Corps Humain
Ljudsko Tijelo

Bouche	Usta
Cerveau	Mozak
Cheville	Gležanj
Cou	Vrat
Coude	Lakat
Cœur	Srce
Doigt	Prst
Estomac	Želudac
Épaule	Rame
Genou	Koljeno
Lèvres	Usne
Main	Ruka
Mâchoire	Čeljust
Menton	Brada
Nez	Nos
Oreille	Uho
Peau	Koža
Sang	Krv
Tête	Glava
Visage	Lice

Couleurs
Boje

Beige	Bež
Blanc	Bijeli
Bleu	Plava
Cyan	Cijan
Fuchsia	Fuksija
Gris	Siva
Indigo	Indigo
Jaune	Žuta Boja
Magenta	Magenta
Marron	Smeđ
Noir	Crna
Orange	Naranča
Rose	Ružičasta
Rouge	Crvena
Sépia	Sepija
Vert	Zelen
Violet	Ljubičasta

Cuisine
Kuhinja

Bol	Zdjela
Bouilloire	Čajnik
Congélateur	Zamrzivač
Couteaux	Noževi
Cruche	Vrč
Cuillères	Žlice
Épices	Začini
Éponge	Spužva
Four	Pećnica
Fourchettes	Vilice
Gril	Roštilj
Louche	Kutlača
Nourriture	Hrana
Recette	Recept
Réfrigérateur	Hladnjak
Serviette	Ubrus
Tablier	Pregača
Tasses	Šalice

Danse
Ples

Académie	Akademija
Art	Umjetnost
Chorégraphie	Koreografija
Classique	Klasični
Corps	Tijelo
Culture	Kultura
Culturel	Kulturni
Expressif	Izražajan
Émotion	Emocija
Grâce	Milost
Joyeux	Radostan
Mouvement	Pokret
Musique	Glazba
Partenaire	Partner
Posture	Držanje
Répétition	Proba
Rythme	Ritam
Saut	Skok
Traditionnel	Tradicionalan
Visuel	Vidni

Dinosaures
Dinosauri

Ailes	Krila
Carnivore	Mesožder
Disparition	Nestanak
Espèce	Vrsta
Énorme	Ogroman
Évolution	Evolucija
Fossiles	Fosili
Grand	Veliki
Herbivore	Biljojedi
Mammouth	Mamut
Omnivore	Svejed
Préhistorique	Prapovijesni
Proie	Plijen
Puissant	Snažan
Queue	Rep
Reptile	Gmaz
Taille	Veličina
Terre	Zemlja
Vicieux	Začarani

Disciplines Scientifiques
Znanstvene Discipline

Anatomie	Anatomija
Archéologie	Arheologija
Astronomie	Astronomija
Biochimie	Biokemija
Biologie	Biologija
Botanique	Botanika
Chimie	Kemija
Écologie	Ekologija
Géologie	Geologija
Immunologie	Imunologija
Linguistique	Lingvistika
Mécanique	Mehanika
Météorologie	Meteorologija
Minéralogie	Mineralogija
Neurologie	Neurologija
Physiologie	Fiziologija
Psychologie	Psihologija
Sociologie	Sociologija
Thermodynamiq ue	Termodinamika
Zoologie	Zoologija

Eau
Voda

Canal	Kanal
Douche	Tuš
Évaporation	Isparavanje
Fleuve	Rijeka
Gel	Mraz
Geyser	Gejzir
Glace	Led
Humidité	Vlažnost
Inondation	Poplava
Irrigation	Navodnjavanje
Lac	Jezero
Mousson	Monsun
Neige	Snijeg
Océan	Ocean
Ouragan	Uragan
Pluie	Kiša
Vagues	Valovi
Vapeur	Para

Escalade
Penjanje po Stijenama

Altitude	Visina
Atmosphère	Atmosfera
Blessure	Ozljeda
Bottes	Čizme
Carte	Karta
Casque	Kaciga
Curiosité	Znatiželja
Défis	Izazovi
Expert	Stručnjak
Étroit	Suziti
Force	Snaga
Formation	Obuka
Gants	Rukavice
Grotte	Špilja
Guides	Vodiči
Physique	Fizički
Randonnée	Pješačenje
Stabilité	Stabilnost
Terrain	Teren

Exploration
Istraživanje

Activité	Aktivnost
Animaux	Životinje
Apprendre	Učiti
Courage	Hrabrost
Cultures	Kulture
Dangers	Opasnosti
Découverte	Otkriće
Détermination	Odlučnost
Espace	Prostor
Excitation	Uzbuđenje
Épuisement	Iscrpljenost
Inconnu	Nepoznat
Langue	Jezik
Nouveau	Novo
Périlleux	Opasan
Sauvage	Divlji
Terrain	Teren
Voyage	Putovati

Échecs
Šah

Adversaire	Protivnik
Apprendre	Učiti
Blanc	Bijeli
Champion	Prvak
Concours	Natjecanje
Défis	Izazovi
Diagonal	Dijagonala
Intelligent	Pametan
Jeu	Igra
Joueur	Igrač
Noir	Crna
Passif	Pasivno
Points	Točke
Reine	Kraljica
Règles	Pravila
Roi	Kralj
Sacrifice	Žrtvovati
Stratégie	Strategija
Temps	Vrijeme
Tournoi	Turnir

École #1
Škola Broj 1

Alphabet	Abeceda
Amis	Prijatelji
Amusement	Zabava
Apprendre	Učiti
Bibliothèque	Knjižnica
Bureau	Stol
Chaise	Stolica
Crayon	Olovka
Des Stylos	Olovke
Déjeuner	Ručak
Dossiers	Mape
Enseignant	Učitelj
Examens	Ispiti
Livres	Knjige
Math	Matematika
Nombres	Brojevi
Papier	Papir
Quiz	Kviz
Réponses	Odgovori
Salle de Classe	Učionica

École #2
Škola Broj 2

Activités	Aktivnosti
Apprentissage	Učenje
Bibliothèque	Knjižnica
Bus	Autobus
Calendrier	Kalendar
Ciseaux	Škare
Crayon	Olovka
Devoirs	Domaća Zadaća
Dictionnaire	Rječnik
Enseignant	Učitelj
Écriture	Pisanje
Éducation	Obrazovanje
Grammaire	Gramatika
Jeux	Igre
Lecture	Čitanje
Littérature	Književnost
Livres	Knjige
Ordinateur	Računalo
Papier	Papir
Science	Znanost

Écologie
Ekologija

Bénévoles	Volonteri
Climat	Klima
Communautés	Zajednice
Diversité	Raznolikost
Durable	Održiv
Espèce	Vrsta
Faune	Fauna
Flore	Flora
Global	Globalno
Habitat	Stanište
Marais	Močvara
Marin	Pomorski
Montagnes	Planine
Nature	Priroda
Naturel	Prirodno
Plantes	Bilje
Ressources	Resursi
Sécheresse	Suša
Survie	Opstanak
Végétation	Vegetacija

Émotions
Emocije

Amour	Ljubav
Calme	Miran
Colère	Bijes
Contenu	Sadržaj
Embarrassé	Neugodno
Ennui	Dosada
Excité	Uzbuđen
Gentillesse	Ljubaznost
Joie	Radost
Paix	Mir
Peur	Strah
Reconnaissant	Zahvalan
Relief	Olakšanje
Satisfait	Zadovoljan
Surprise	Iznenađenje
Sympathie	Simpatija
Tendresse	Nježnost
Tristesse	Tuga

Épices
Začini

Aigre	Kiselo
Ail	Češnjak
Amer	Gorak
Anis	Anis
Cannelle	Cimet
Cardamome	Kardamom
Coriandre	Korijander
Cumin	Kumin
Curry	Curry
Fenouil	Komorač
Fenugrec	Piskavica
Gingembre	Đumbir
Oignon	Luk
Paprika	Paprika
Poivre	Papar
Réglisse	Slatki
Safran	Šafran
Saveur	Okus
Sel	Sol
Vanille	Vanilija

Été
Ljeto

Amis	Prijatelji
Camping	Kampiranje
Étoiles	Zvijezde
Famille	Obitelj
Jardin	Vrt
Jeux	Igre
Joie	Radost
Livres	Knjige
Mer	More
Musique	Glazba
Nager	Plivati
Nourriture	Hrana
Plage	Plaža
Plongée	Ronjenje
Relaxation	Opuštanje
Sandales	Sandale
Vacances	Odmor
Voyage	Putovati

Famille
Obitelj

Ancêtre	Predak
Cousin	Rođak
Enfance	Djetinjstvo
Enfant	Dijete
Enfants	Djeca
Femme	Supruga
Fille	Kći
Frère	Brat
Grand-Mère	Baka
Grand-Père	Djed
Mari	Muž
Maternel	Majčinski
Mère	Majka
Neveu	Nećak
Nièce	Nećakinja
Oncle	Ujak
Paternel	Očinski
Père	Otac
Soeur	Sestra
Tante	Tetka

Ferme #1
Farma Broj 1

Abeille	Pčela
Agriculture	Poljoprivreda
Âne	Magarac
Bison	Bizon
Champ	Polje
Chat	Mačka
Cheval	Konj
Chèvre	Koza
Chien	Pas
Clôture	Ograda
Corbeau	Vrana
Eau	Voda
Engrais	Gnojivo
Foin	Sijeno
Miel	Med
Poulet	Piletina
Riz	Riža
Troupeau	Stado
Vache	Krava
Veau	Tele

Ferme #2
Farma № 2

Agneau	Janjetina
Animaux	Životinje
Berger	Pastir
Blé	Pšenica
Canard	Patka
Fruit	Voće
Grange	Staja
Irrigation	Navodnjavanje
Lait	Mlijeko
Lama	Lame
Légume	Povrće
Maïs	Kukuruz
Mouton	Ovce
Mûr	Zrelo
Nourriture	Hrana
Orge	Ječam
Pré	Livada
Ruche	Košnica
Tracteur	Traktor
Verger	Voćnjak

Fleurs
Cvijeće

Bouquet	Buket
Gardénia	Gardenija
Hibiscus	Hibiskus
Jasmin	Jasmin
Jonquille	Narcis
Lavande	Lavanda
Lilas	Lila
Lys	Ljiljan
Magnolia	Magnolija
Marguerite	Tratinčica
Orchidée	Orhideja
Pavot	Mak
Pétale	Latica
Pissenlit	Maslačak
Pivoine	Božur
Plumeria	Plumerija
Rose	Ruža
Tournesol	Suncokret
Trèfle	Djetelina
Tulipe	Tulipan

Forêt Tropicale
Prašuma

Amphibiens	Vodozemci
Botanique	Botanički
Climat	Klima
Communauté	Zajednica
Diversité	Raznolikost
Espèce	Vrsta
Indigène	Autohtono
Insectes	Kukci
Jungle	Džungla
Mammifères	Sisavci
Mousse	Mahovina
Nature	Priroda
Nuage	Oblaci
Oiseaux	Ptice
Précieux	Vrijedan
Préservation	Očuvanje
Refuge	Utočište
Respect	Poštovanje
Restauration	Obnova
Survie	Opstanak

Formes
Obrasci

Arc	Luk
Bords	Rubovi
Carré	Kvadrat
Cercle	Krug
Coin	Kut
Courbe	Krivulja
Cône	Konus
Côté	Strana
Cube	Kocka
Cylindre	Cilindar
Ellipse	Elipsa
Hyperbole	Hiperbola
Ligne	Crta
Ovale	Ovalan
Polygone	Poligon
Prisme	Prizma
Pyramide	Piramida
Rectangle	Pravokutnik
Sphère	Sfera
Triangle	Trokut

Fournitures d'Art
Umjetnički Pribor

Acrylique	Akril
Argile	Glina
Brosses	Četke
Caméra	Kamera
Chaise	Stolica
Charbon	Ugljen
Chevalet	Stalak
Colle	Ljepilo
Couleurs	Boje
Crayons	Olovke
Créativité	Kreativnost
Eau	Voda
Encre	Tinta
Gomme	Brisač
Huile	Ulje
Idées	Ideje
Papier	Papir
Table	Stol

Fruit
Voće

Abricot	Marelica
Ananas	Ananas
Avocat	Avokado
Baie	Bobica
Banane	Banana
Cerise	Trešnja
Citron	Limun
Figue	Smokva
Framboise	Malina
Goyave	Guava
Kiwi	Kivi
Mangue	Mango
Melon	Dinja
Orange	Naranča
Papaye	Papaja
Pêche	Breskva
Poire	Kruška
Pomme	Jabuka
Prune	Šljiva
Raisin	Grožđe

Géographie
Geografija

Altitude	Visina
Atlas	Atlas
Carte	Karta
Continent	Kontinent
Fleuve	Rijeka
Hémisphère	Hemisfera
Île	Otok
Latitude	Širina
Mer	More
Méridien	Meridijan
Monde	Svijet
Montagne	Planina
Nord	Sjever
Océan	Ocean
Ouest	Zapad
Pays	Zemlja
Région	Regija
Sud	Jug
Territoire	Područje
Ville	Grad

Géologie
Geologija

Acide	Kiselina
Calcium	Kalcij
Caverne	Kaverna
Continent	Kontinent
Corail	Koralja
Couche	Sloj
Cristaux	Kristali
Érosion	Erozija
Fondu	Rastopljen
Fossile	Fosil
Geyser	Gejzir
Lave	Lava
Minéraux	Minerali
Pierre	Kamen
Plateau	Plato
Quartz	Kvarc
Sel	Sol
Stalactite	Stalaktit
Volcan	Vulkan
Zone	Zona

Herboristerie
Herbalizam

Ail	Češnjak
Aromatique	Aromatski
Basilic	Bosiljak
Bénéfique	Korisno
Culinaire	Kulinarski
Estragon	Dragulj
Fenouil	Komorač
Fleur	Cvijet
Ingrédient	Sastojak
Jardin	Vrt
Lavande	Lavanda
Marjolaine	Mažuran
Menthe	Metvice
Persil	Peršin
Qualité	Kvaliteta
Romarin	Ružmarin
Safran	Šafran
Saveur	Okus
Thym	Timijan
Vert	Zelen

Insectes
Insekti

Abeille	Pčela
Cafard	Žohar
Cigale	Cvrčak
Coccinelle	Bubamara
Fourmi	Mrav
Frelon	Stršljen
Guêpe	Osa
Larve	Larva
Libellule	Vilin Konjic
Mante	Bogomoljka
Moustique	Komarac
Papillon	Leptir
Puce	Buha
Puceron	Lisne Uši
Sauterelle	Skakavac
Scarabée	Buba
Termite	Termit
Ver	Crv

Instruments de Musique
Glazbeni Instrumenti

Banjo	Bendžo
Basson	Fagot
Clarinette	Klarinet
Flûte	Flauta
Gong	Gong
Guitare	Gitara
Harmonica	Harmonika
Harpe	Harfa
Hautbois	Oboa
Mandoline	Mandolina
Marimba	Marimba
Percussion	Udaraljke
Piano	Klavir
Saxophone	Saksofon
Tambour	Bubanj
Tambourin	Tamburaški
Trombone	Trombon
Trompette	Truba
Violon	Violina
Violoncelle	Violončelo

Jardin
Vrt

Arbre	Drvo
Banc	Klupa
Buisson	Grm
Clôture	Ograda
Étang	Ribnjak
Fleur	Cvijet
Garage	Garaža
Hamac	Viseća
Herbe	Trava
Jardin	Vrt
Mauvaises Herbes	Korov
Pelle	Lopata
Pelouse	Travnjak
Râteau	Grablje
Sol	Tlo
Terrasse	Terasa
Trampoline	Trampolin
Tuyau	Crijevo
Verger	Voćnjak
Vigne	Loza

Jouets
Igračke

Argile	Glina
Artisanat	Obrt
Avion	Zrakoplov
Balle	Lopta
Bateau	Čamac
Camion	Kamion
Cerf-Volant	Zmaj
Crayons	Bojice
Échecs	Šah
Favori	Omiljeni
Imagination	Mašta
Jeux	Igre
Livres	Knjige
Peinture	Boje
Poupée	Lutka
Robot	Robot
Tambours	Bubnjevi
Train	Vlak
Vélo	Bicikl
Voiture	Automobil

Jours et Mois
Dani i Mjeseci

Août	Kolovoz
Avril	Travanj
Calendrier	Kalendar
Dimanche	Nedjelja
Février	Veljača
Janvier	Siječanj
Jeudi	Četvrtak
Juillet	Srpanj
Juin	Lipanj
Lundi	Ponedjeljak
Mardi	Utorak
Mars	Ožujak
Mercredi	Srijeda
Mois	Mjesec
Novembre	Studeni
Octobre	Listopad
Samedi	Subota
Semaine	Tjedan
Septembre	Rujan
Vendredi	Petak

Les Abeilles
Pčele

Ailes	Krila
Bénéfique	Korisno
Cire	Vosak
Diversité	Raznolikost
Essaim	Roj
Écosystème	Ekosustav
Fleur	Cvijet
Fleurs	Cvijeće
Fruit	Voće
Fumée	Dim
Habitat	Stanište
Insecte	Kukac
Jardin	Vrt
Miel	Med
Nourriture	Hrana
Plantes	Bilje
Pollen	Pelud
Reine	Kraljica
Ruche	Košnica
Soleil	Sunce

Légumes
Povrće

Ail	Češnjak
Artichaut	Artičoka
Aubergine	Patlidžan
Brocoli	Brokula
Carotte	Mrkva
Céleri	Celer
Champignon	Gljiva
Citrouille	Bundeva
Concombre	Krastavac
Échalote	Luk Kozjak
Épinard	Špinat
Gingembre	Đumbir
Navet	Repa
Oignon	Luk
Olive	Maslina
Persil	Peršin
Pois	Grašak
Radis	Rotkvica
Salade	Salata
Tomate	Rajčica

Littérature
Književnost

Analogie	Analogija
Analyse	Analiza
Anecdote	Anegdota
Auteur	Autor
Biographie	Biografija
Comparaison	Usporedba
Conclusion	Zaključak
Description	Opis
Dialogue	Dijalog
Fiction	Fikcija
Métaphore	Metafora
Narrateur	Pripovjedač
Poème	Pjesma
Poétique	Pjesnički
Rime	Rima
Roman	Roman
Rythme	Ritam
Style	Stil
Thème	Tema
Tragédie	Tragedija

Livres
Knjige

Auteur	Autor
Aventure	Avantura
Collection	Zbirka
Contexte	Kontekst
Dualité	Dualnost
Épique	Ep
Histoire	Priča
Historique	Povijesni
Humoristique	Duhovit
Inventif	Inventivni
Lecteur	Čitač
Littéraire	Literarni
Narrateur	Pripovjedač
Page	Stranica
Pertinent	Relevantan
Poème	Pjesma
Poésie	Poezija
Roman	Roman
Série	Serija
Tragique	Tragično

Maison
Kuća

Balai	Metla
Bibliothèque	Knjižnica
Chambre	Soba
Cheminée	Kamin
Clés	Tipke
Clôture	Ograda
Cuisine	Kuhinja
Douche	Tuš
Fenêtre	Prozor
Garage	Garaža
Grenier	Potkrovlje
Jardin	Vrt
Lampe	Svjetiljka
Miroir	Ogledalo
Mur	Zid
Plafond	Strop
Porte	Vrata
Rideaux	Zavjese
Tapis	Tepih
Toit	Krov

Mammifères
Sisavci

Baleine	Kit
Chat	Mačka
Cheval	Konj
Chien	Pas
Coyote	Kojot
Dauphin	Dupin
Éléphant	Slon
Girafe	Žirafa
Gorille	Gorila
Kangourou	Klokan
Lapin	Zec
Lion	Lav
Loup	Vuk
Mouton	Ovce
Ours	Snositi
Renard	Lisica
Singe	Majmun
Taureau	Bik
Tigre	Tigar
Zèbre	Zebra

Mathématiques
Matematika

Angles	Kutovi
Arithmétique	Aritmetika
Carré	Kvadrat
Circonférence	Opseg
Décimal	Decimala
Diamètre	Promjer
Exposant	Eksponent
Équation	Jednadžba
Fraction	Frakcija
Géométrie	Geometrija
Parallèle	Paralelno
Parallélogramme	Paralelogram
Perpendiculaire	Okomica
Périmètre	Perimetar
Polygone	Poligon
Rectangle	Pravokutnik
Somme	Suma
Symétrie	Simetrija
Triangle	Trokut
Volume	Volumen

Mesures
Mjerenja

Centimètre	Centimetar
Degré	Stupanj
Décimal	Decimala
Gramme	Gram
Hauteur	Visina
Kilogramme	Kilogram
Kilomètre	Kilometar
Largeur	Širina
Litre	Litra
Longueur	Dužina
Masse	Masa
Mètre	Metar
Minute	Minuta
Octet	Bajt
Once	Unca
Poids	Težina
Pouce	Inč
Profondeur	Dubina
Tonne	Tona
Volume	Volumen

Méditation
Meditacija

Acceptation	Prihvaćanje
Attention	Pažnja
Calme	Miran
Clarté	Jasnoća
Compassion	Suosjećanje
Émotions	Emocije
Éveillé	Budan
Gentillesse	Ljubaznost
Gratitude	Zahvalnost
Habitudes	Navike
Mental	Mentalno
Mouvement	Pokret
Musique	Glazba
Nature	Priroda
Observation	Promatranje
Paix	Mir
Perspective	Perspektiva
Posture	Držanje
Respiration	Disanje
Silence	Tišina

Météo
Vrijeme

Arc-En-Ciel	Duga
Atmosphère	Atmosfera
Brise	Povjetarac
Brouillard	Magla
Ciel	Nebo
Climat	Klima
Glace	Led
Inondation	Poplava
Mousson	Monsun
Nuage	Oblak
Ouragan	Uragan
Polaire	Polarni
Sec	Suho
Sécheresse	Suša
Température	Temperatura
Tempête	Oluja
Tonnerre	Grmljavina
Tornade	Tornado
Tropical	Tropski
Vent	Vjetar

Mythologie
Mitologija

Archétype	Arhetip
Catastrophe	Katastrofa
Comportement	Ponašanje
Création	Stvaranje
Créature	Stvorenje
Croyances	Uvjerenja
Culture	Kultura
Éclair	Munja
Force	Snaga
Guerrier	Ratnik
Héros	Junak
Immortalité	Besmrtnost
Jalousie	Ljubomora
Labyrinthe	Labirint
Légende	Legenda
Magique	Čarobni
Monstre	Čudovište
Mortel	Smrtnik
Tonnerre	Grmljavina
Vengeance	Osveta

Nature
Priroda

Abeilles	Pčele
Abri	Sklonište
Animaux	Životinje
Arctique	Arktik
Beauté	Ljepota
Brouillard	Magla
Désert	Pustinja
Dynamique	Dinamičan
Érosion	Erozija
Feuillage	Lišće
Fleuve	Rijeka
Forêt	Šuma
Glacier	Ledenjak
Nuage	Oblaci
Paisible	Mirno
Sanctuaire	Svetište
Sauvage	Divlji
Serein	Spokojan
Tropical	Tropski
Vital	Bitan

Nombres
Brojevi

Cinq	Pet
Deux	Dva
Décimal	Decimala
Dix	Deset
Dix-Huit	Osamnaest
Dix-Neuf	Devetnaest
Dix-Sept	Sedamnaest
Douze	Dvanaest
Huit	Osam
Neuf	Devet
Quatorze	Četrnaest
Quatre	Četiri
Quinze	Petnaest
Seize	Šesnaest
Sept	Sedam
Six	Šest
Treize	Trinaest
Trois	Tri
Vingt	Dvadeset
Zéro	Nula

Nourriture #1
Hrana # 1

Ail	Češnjak
Basilic	Bosiljak
Café	Kava
Cannelle	Cimet
Carotte	Mrkva
Citron	Limun
Épinard	Špinat
Fraise	Jagoda
Jus	Sok
Lait	Mlijeko
Navet	Repa
Oignon	Luk
Orge	Ječam
Poire	Kruška
Salade	Salata
Sel	Sol
Soupe	Juha
Sucre	Šećer
Thon	Tuna
Viande	Meso

Nourriture #2
Hrana # 2

Amande	Badem
Aubergine	Patlidžan
Banane	Banana
Blé	Pšenica
Brocoli	Brokula
Cerise	Trešnja
Céleri	Celer
Champignon	Gljiva
Chocolat	Čokolada
Jambon	Šunka
Kiwi	Kivi
Mangue	Mango
Oeuf	Jaje
Pain	Kruh
Poisson	Riba
Pomme	Jabuka
Poulet	Piletina
Raisin	Grožđe
Riz	Riža
Tomate	Rajčica

Nutrition
Prehrana

Amer	Gorak
Appétit	Apetit
Calories	Kalorije
Comestible	Jestivo
Diète	Dijeta
Digestion	Probava
Épices	Začini
Équilibré	Uravnotežen
Fermentation	Vrenje
Ingrédients	Sastojci
Liquides	Tekućine
Poids	Težina
Protéines	Proteini
Qualité	Kvaliteta
Sain	Zdrav
Santé	Zdravlje
Sauce	Umak
Saveur	Okus
Toxine	Toksin
Vitamine	Vitamin

Océan
Ocean

Algue	Alge
Anguille	Jegulja
Baleine	Kit
Bateau	Čamac
Corail	Koralja
Crabe	Rak
Crevette	Škampi
Dauphin	Dupin
Éponge	Spužva
Huître	Kamenica
Méduse	Meduza
Poisson	Riba
Poulpe	Hobotnica
Requin	Morski Pas
Récif	Greben
Sel	Sol
Tempête	Oluja
Thon	Tuna
Tortue	Kornjača
Vagues	Valovi

Oiseaux
Ptice

Aigle	Orao
Autruche	Noj
Canard	Patka
Cigogne	Roda
Corbeau	Vrana
Coucou	Kukavica
Cygne	Labud
Flamant	Flamingo
Héron	Čaplja
Manchot	Pingvin
Moineau	Vrabac
Mouette	Galeb
Oeuf	Jaje
Oie	Guska
Paon	Paun
Perroquet	Papiga
Pélican	Pelikan
Pigeon	Golub
Poulet	Piletina
Toucan	Toucan

Outils
Alati

Agrafe	Spajalica
Agrafeuse	Klamerica
Câble	Kabel
Ciseaux	Škare
Colle	Ljepilo
Corde	Uže
Couteau	Nož
Échelle	Ljestve
Hache	Sjekira
Maillet	Malj
Marteau	Čekić
Pelle	Lopata
Pinces	Kliješta
Rasoir	Britva
Règle	Vladar
Roue	Kotač
Torche	Baklja
Vis	Vijak

Pays #2
Zemlje № 2

Albanie	Albanija
Chine	Kina
Danemark	Danska
France	Francuska
Haïti	Haiti
Indonésie	Indonezija
Irlande	Irska
Jamaïque	Jamajka
Japon	Japan
Kenya	Kenija
Laos	Laos
Liban	Libanon
Mexique	Meksiko
Ouganda	Uganda
Pakistan	Pakistan
Russie	Rusija
Somalie	Somalija
Soudan	Sudan
Syrie	Sirija
Ukraine	Ukrajina

Paysages
Krajolici

Cascade	Vodopad
Colline	Brdo
Désert	Pustinja
Estuaire	Ušće
Fleuve	Rijeka
Geyser	Gejzir
Glacier	Ledenjak
Grotte	Špilja
Iceberg	Ledena
Île	Otok
Lac	Jezero
Marais	Močvara
Mer	More
Montagne	Planina
Oasis	Oaza
Péninsule	Poluotok
Plage	Plaža
Toundra	Tundra
Vallée	Dolina
Volcan	Vulkan

Pêche
Ribarstvo

Appât	Mamac
Bateau	Čamac
Branchies	Škrge
Crochet	Kuka
Cuire	Kuhati
Eau	Voda
Exagération	Pretjerivanje
Équipement	Oprema
Fil	Žica
Fleuve	Rijeka
Lac	Jezero
Mâchoire	Čeljust
Océan	Ocean
Panier	Košara
Patience	Strpljenje
Plage	Plaža
Poids	Težina
Saison	Sezona

Pirates
Gusari

Ancre	Sidro
Aventure	Avantura
Capitaine	Kapetan
Carte	Karta
Cicatrice	Ožiljak
Danger	Opasnost
Drapeau	Zastava
Épée	Mač
Équipage	Posada
Grotte	Špilja
Île	Otok
Légende	Legenda
Mauvais	Loše
Océan	Ocean
Or	Zlato
Perroquet	Papiga
Pièces	Kovanice
Plage	Plaža
Rhum	Rum
Trésor	Blago

Plage
Plaža

Bateau	Čamac
Bleu	Plava
Coquilles	Školjke
Côte	Obala
Crabe	Rak
Dock	Pristanište
Île	Otok
Lagune	Laguna
Mer	More
Nager	Plivati
Océan	Ocean
Parapluie	Kišobran
Récif	Greben
Sable	Pijesak
Sandales	Sandale
Serviette	Ručnik
Soleil	Sunce
Vacances	Odmor
Voilier	Jedrilica

Plantes
Biljke

Arbre	Drvo
Baie	Bobica
Bambou	Bambus
Botanique	Botanika
Buisson	Grm
Cactus	Kaktus
Engrais	Gnojivo
Feuillage	Lišće
Fleur	Cvijet
Flore	Flora
Forêt	Šuma
Grandir	Rasti
Haricot	Grah
Herbe	Trava
Jardin	Vrt
Lierre	Bršljan
Mousse	Mahovina
Pétale	Latica
Racine	Korijen
Végétation	Vegetacija

Professions #1
Zanimanja № 1

Ambassadeur	Ambasador
Artiste	Umjetnik
Astronome	Astronom
Avocat	Odvjetnik
Banquier	Bankar
Bijoutier	Zlatar
Cartographe	Kartograf
Chasseur	Lovac
Comptable	Računovođa
Danseur	Plesačica
Entraîneur	Trener
Éditeur	Urednik
Géologue	Geolog
Médecin	Liječnik
Musicien	Glazbenik
Pianiste	Pijanist
Pompier	Vatrogasac
Psychologue	Psiholog
Scientifique	Znanstvenik
Vétérinaire	Veterinar

Professions #2
Zanimanja № 2

Astronaute	Astronaut
Bibliothécaire	Knjižničar
Biologiste	Biolog
Chercheur	Istraživač
Chirurgien	Kirurg
Dentiste	Zubar
Détective	Detektiv
Enseignant	Učitelj
Illustrateur	Ilustrator
Ingénieur	Inženjer
Inventeur	Izumitelj
Jardinier	Vrtlar
Journaliste	Novinar
Linguiste	Jezikoslovac
Médecin	Liječnik
Peintre	Slikar
Philosophe	Filozof
Photographe	Fotograf
Pilote	Pilot
Zoologiste	Zoolog

Randonnée
Planinarenje

Animaux	Životinje
Bottes	Čizme
Camping	Kampiranje
Carte	Karta
Climat	Klima
Dangers	Opasnosti
Eau	Voda
Falaise	Litica
Fatigué	Umorni
Guides	Vodiči
Lourd	Teška
Météo	Vrijeme
Montagne	Planina
Nature	Priroda
Orientation	Orijentacija
Parcs	Parkovi
Pierres	Kamenje
Préparation	Priprema
Sauvage	Divlji
Soleil	Sunce

Remplir
Za Popunjavanje

Baignoire	Kada
Baril	Bačva
Boîte	Kutija
Bouteille	Boca
Caisse	Sanduk
Carton	Karton
Dossier	Mapa
Enveloppe	Omotnica
Navire	Brod
Panier	Košara
Paquet	Paket
Poche	Džep
Sac	Torba
Seau	Kanta
Tiroir	Ladica
Tube	Cijev
Valise	Kofer
Vase	Vaza

Restaurant #1
Restoran Broj 1

Allergie	Alergija
Assiette	Tanjur
Bol	Zdjela
Café	Kava
Caissier	Blagajnik
Couteau	Nož
Cuisine	Kuhinja
Dessert	Desert
Épicé	Akutni
Ingrédients	Sastojci
Menu	Jelovnik
Nourriture	Hrana
Pain	Kruh
Poulet	Piletina
Réservation	Rezervacija
Sauce	Umak
Serveuse	Konobarica
Serviette	Ubrus
Viande	Meso

Restaurant #2
Restoran Broj 2

Boisson	Piće
Chaise	Stolica
Cuillère	Žlica
Déjeuner	Ručak
Délicieux	Ukusno
Dîner	Večera
Eau	Voda
Épices	Začini
Fourchette	Vilica
Fruit	Voće
Gâteau	Torta
Glace	Led
Légumes	Povrće
Nouilles	Rezanci
Oeuf	Jaja
Poisson	Riba
Salade	Salata
Sel	Sol
Serveur	Konobar
Soupe	Juha

Science
Znanost

Atome	Atom
Chimique	Kemijski
Climat	Klima
Données	Podaci
Expérience	Eksperiment
Évolution	Evolucija
Fait	Činjenica
Fossile	Fosil
Gravité	Gravitacija
Hypothèse	Hipoteza
Laboratoire	Laboratorij
Méthode	Metoda
Minéraux	Minerali
Molécules	Molekule
Nature	Priroda
Observation	Promatranje
Organisme	Organizam
Particules	Čestice
Physique	Fizika
Scientifique	Znanstvenik

Science-Fiction
Znanstvena Fantastika

Atomique	Atomski
Cinéma	Kino
Explosion	Eksplozija
Extrême	Krajnost
Fantastique	Fantastičan
Feu	Vatra
Futuriste	Futuristički
Galaxie	Galaksija
Illusion	Iluzija
Imaginaire	Zamišljen
Livres	Knjige
Monde	Svijet
Mystérieux	Tajanstveni
Oracle	Proročište
Planète	Planeta
Réaliste	Realno
Robots	Roboti
Scénario	Scenarij
Technologie	Tehnologija
Utopie	Utopija

Sports
Sportski

Arbitre	Sudac
Athlète	Sportaš
Base-Ball	Bejzbol
Basket-Ball	Košarka
Championnat	Prvenstvo
Entraîneur	Trener
Équipe	Tim
Gagnant	Pobjednik
Golf	Golf
Gymnase	Gimnazija
Gymnastique	Gimnastika
Hockey	Hokej
Jeu	Igra
Joueur	Igrač
Mouvement	Pokret
Nager	Plivati
Stade	Stadion
Tennis	Tenis
Vélo	Bicikl

Surf
Surfanje

Amusement	Zabava
Athlète	Sportaš
Champion	Prvak
Débutant	Početnik
Estomac	Želudac
Extrême	Krajnost
Force	Snaga
Foules	Gužve
Météo	Vrijeme
Mousse	Pjena
Nager	Plivati
Océan	Ocean
Pagaie	Veslo
Plage	Plaža
Populaire	Popularan
Récif	Greben
Style	Stil
Vague	Val
Vitesse	Brzina

Technologie
Tehnologija

Affichage	Prikaz
Blog	Blog
Caméra	Kamera
Curseur	Kursor
Données	Podaci
Écran	Zaslon
Fichier	Datoteka
Internet	Internet
Logiciel	Softver
Message	Poruka
Navigateur	Preglednik
Numérique	Digitalni
Octets	Bajtovi
Ordinateur	Računalo
Recherche	Istraživanje
Sécurité	Sigurnost
Statistiques	Statistika
Virtuel	Virtualan
Virus	Virus

Temps
Vrijeme

Année	Godina
Annuel	Godišnji
Après	Nakon
Aujourd'Hui	Danas
Avant	Prije
Bientôt	Uskoro
Calendrier	Kalendar
Décennie	Desetljeće
Futur	Budućnost
Heure	Sat
Hier	Jučer
Jour	Dan
Maintenant	Sada
Matin	Jutro
Midi	Podne
Minute	Minuta
Mois	Mjesec
Nuit	Noć
Semaine	Tjedan
Siècle	Stoljeće

Types de Cheveux
Vrste Kose

Argent	Srebro
Blanc	Bijeli
Blond	Plavuša
Boucles	Kovrče
Brillant	Sjajan
Chauve	Ćelav
Court	Kratak
Doux	Mekan
Épais	Debeo
Frisé	Kovrčava
Gris	Siva
Long	Dugo
Marron	Smeđ
Mince	Tanak
Noir	Crna
Ondulé	Valovita
Sain	Zdrav
Sec	Suho
Tresses	Pletenice
Tressé	Pletena

Vacances #2
Odmor № 2

Aéroport	Zračna Luka
Camping	Kampiranje
Carte	Karta
Destination	Odredište
Étranger	Stranac
Hôtel	Hotel
Île	Otok
Mer	More
Passeport	Putovnica
Photos	Fotografije
Plage	Plaža
Restaurant	Restoran
Réservations	Rezervacije
Taxi	Taksi
Tente	Šator
Train	Vlak
Transport	Prijevoz
Vacances	Odmor
Visa	Viza
Voyage	Putovanje

Vertus #1
Vrline # 1

Artistique	Umjetnički
Bon	Dobar
Charmant	Šarmantan
Confiant	Uvjeren
Curieux	Znatiželjan
Décisif	Odlučno
Drôle	Smiješno
Efficace	Efikasan
Fiable	Pouzdan
Généreux	Velikodušan
Indépendant	Nezavisna
Intelligent	Inteligentan
Modeste	Skroman
Passionné	Strasan
Patient	Pacijent
Pratique	Praktičan
Propre	Čist
Sage	Mudar
Utile	Koristan

Véhicules
Vozila

Ambulance	Hitna Pomoć
Avion	Zrakoplov
Bateau	Čamac
Bus	Autobus
Camion	Kamion
Caravane	Karavan
Ferry	Trajekt
Fusée	Raketa
Hélicoptère	Helikopter
Moteur	Motor
Navette	Čunak
Pneus	Gume
Radeau	Splav
Scooter	Skuter
Sous-Marin	Podmornica
Taxi	Taksi
Tracteur	Traktor
Train	Vlak
Vélo	Bicikl
Voiture	Automobil

Vêtements
Odjeća

Bracelet	Narukvica
Ceinture	Pojas
Chapeau	Šešir
Chaussure	Cipela
Chemise	Košulja
Chemisier	Bluza
Collier	Ogrlica
Foulard	Šal
Gants	Rukavice
Jeans	Traperice
Jupe	Suknja
Manteau	Kaput
Mode	Moda
Pantalon	Hlače
Pull	Džemper
Pyjama	Pidžama
Robe	Haljina
Sandales	Sandale
Tablier	Pregača
Veste	Jakna

Ville
Grad

Aéroport	Zračna Luka
Banque	Banka
Bibliothèque	Knjižnica
Boulangerie	Pekara
Cinéma	Kino
Clinique	Klinika
École	Škola
Fleuriste	Cvjećar
Galerie	Galerija
Hôtel	Hotel
Librairie	Knjižara
Marché	Tržište
Musée	Muzej
Pharmacie	Ljekarna
Restaurant	Restoran
Stade	Stadion
Supermarché	Supermarket
Théâtre	Kazalište
Université	Sveučilište
Zoo	Zoološki Vrt

Félicitations

Vous avez réussi !

Nous espérons que vous avez apprécié ce livre autant que nous avons pris plaisir à le concevoir. Nous faisons de notre mieux pour créer des livres de la meilleure qualité possible.
Cette édition est conçue pour permettre un apprentissage intelligent et de qualité en se divertissant !

Vous avez aimé ce livre ?

Une Simple Demande

Nos livres existent grâce aux avis que vous publiez. Pourriez-vous nous aider en laissant un avis maintenant ?

Voici un lien rapide qui vous mènera à votre
page d'évaluation de vos commandes :

BestBooksActivity.com/Avis50

CHALLENGE FINAL !

Défi n°1

Êtes-vous prêt pour votre jeu bonus ? Nous les utilisons tout le temps mais ils ne sont pas si faciles à trouver. Voici les **Synonymes** !

Notez 5 mots que vous avez trouvés dans les puzzles notés ci-dessous (n°21, n°36, n°76) et essayez de trouver 2 synonymes pour chaque mot.

Notez 5 Mots du **Puzzle 21**

Mots	Synonyme 1	Synonyme 2

Notez 5 Mots du **Puzzle 36**

Mots	Synonyme 1	Synonyme 2

Notez 5 Mots du **Puzzle 76**

Mots	Synonyme 1	Synonyme 2

Défi n°2

Maintenant que vous vous êtes échauffé, notez 5 mots que vous avez découverts dans les Puzzles n° 9, n° 17, n° 25 et essayez de trouver 2 antonymes pour chaque mot. Combien pouvez-vous en trouver en 20 minutes ?

Notez 5 Mots du **Puzzle 9**

Mots	Antonyme 1	Antonyme 2

Notez 5 Mots du **Puzzle 17**

Mots	Antonyme 1	Antonyme 2

Notez 5 Mots du **Puzzle 25**

Mots	Antonyme 1	Antonyme 2

Défi n°3

Formidable ! Ce défi final n'est rien pour vous.

Prêt pour le dernier défi ? Choisissez 10 mots que vous avez découverts parmi les différents puzzles et notez-les ci-dessous.

1.	6.
2.	7.
3.	8.
4.	9.
5.	10.

Maintenant, composez un texte en pensant à une personne, un animal ou un lieu que vous aimez !

Astuce: Vous pouvez utiliser la dernière page de ce livre comme brouillon !

Votre Composition :

CARNET DE NOTES :

À TRÈS BIENTÔT !

Toute l'équipe

DECOUVREZ DES JEUX GRATUITS

GO

BESTACTIVITYBOOKS.COM/FREEGAMES